The UPSIDE OF DOWN

Why the Rise of the Rest is Good for the West

理性的繁荣

国家的衰落与增长在中美两国间的启示

［美］查尔斯·肯尼（Charles Kenny）◎著 谭浩◎译

SPM
南方出版传媒
广东人民出版社
·广州·

图书在版编目（CIP）数据

理性的繁荣 /（美）肯尼著；谭浩译. — 广州：广东人民出版社，2015.2
ISBN 978-7-218-09831-9

Ⅰ.①理… Ⅱ.①肯… ②谭… Ⅲ.①美国－研究 Ⅳ.① D771.2

中国版本图书馆 CIP 数据核字 (2014) 第 297395 号

The Upside of Down: Why the Rise of the Rest is Good for the West by Charles Kenny
Copyright©2013 by Charles Kenny
Simplified Chinese translation copyright©2015 by Grand China Publishing House
This translation published by arrangement with Basic Books, a member of Perseus Books Group through Bardon-Chinese Media Agency.
All rights reserved.

No part of this book may be used or reproduced in any manner whatever without written permission except in the case of brief quotations embodied in critical articles or reviews.

本书中文简体字版通过 Grand China Publishing House（中资出版社）授权广东人民出版社在中国大陆地区出版并独家发行。未经出版者书面许可，本书的任何部分不得以任何方式抄袭、节录或翻印。

LiXing De FanRong
理性的繁荣
[美] 查尔斯·肯尼 著　谭浩 译　　　版权所有　翻印必究

出 版 人：曾　莹

策　　划：中资海派
执行策划：黄　河　桂　林
责任编辑：肖凤华　古海阳　张　静
特约编辑：梁桂芳　王利军　易　伊
版式设计：王　芳
封面设计：WONDERLAND Book design
　　　　　仙德 QQ:344581934

出版发行：广东人民出版社
地　　址：广州市大沙头四马路 10 号（邮政编码：510102）
电　　话：(020) 83798714（总编室）
传　　真：(020) 83780199
网　　址：http://www.gdpph.com
印　　刷：深圳市福圣印刷有限公司
开　　本：787mm×1092mm　1/16
印　　张：15　字　数：165 千
版　　次：2015 年 2 月第 1 版　2015 年 2 月第 1 次印刷
定　　价：42.00 元

如发现印装质量问题，影响阅读，请与出版社 (020-83795749) 联系调换。
售书热线：(020) 83795240

致中国读者信

To my friends in China —

I hope the whole world comes to recognize the immense opportunity of a globally engaged, innovative and peaceful China.

Best of luck in shaping it!

致我的中国朋友:

　　一个积极参与国际事务、具备创新思维而且走和平发展道路的中国将给全世界带来怎样巨大的机会?我衷心希望全世界都意识到这一点!

　　祝中国好运!

查尔斯·肯尼

作者介绍
THE UPSIDE OF DOWN

查尔斯·肯尼（Charles Kenny）
世界银行高级经济学家
全球发展中心高级研究员
《外交政策》杂志特约编辑
《商业周刊》专栏作家
知名畅销书作家

  查尔斯·肯尼是全球发展中心的高级研究员，目前的研究课题包括：后2015年发展议程、科技与人类生活质量的提升以及良政治理与反腐败。他发表了许多文章和书籍，探讨的主题包括千禧年发展目标进程、经济增长背后的原因、经济增长和更广泛发展之间的关系、全球健康状况改善的原因、经济增长和幸福之间的关系、数字鸿沟①、反腐、马尔萨斯陷阱的终结及通讯技术在发展中扮演的角色。他是《越来越好：为什么全球发展取得了成功，我们如何更好地改善世界》（Getting Better）的作者。肯尼曾在世界银行工作，和世界银行中东和北非地区副总裁一起，协

---

① "数字鸿沟"又称为信息鸿沟，即"信息富有者和信息贫困者之间的鸿沟"。

调基础设施和自然资源方面治理与反腐的工作，并管理一系列通讯和互联网方面的投资和技术援助项目。

查尔斯·肯尼出生在一个欧洲人与美国人结合组建的家庭，在英国长大，成年后在美国生活。他和妻子双方的家庭中，有两代人是在跨洲际婚姻的结合中出生。五对夫妇中，只有一对双方都是美国人。

查尔斯·肯尼的哥哥和嫂子在香港工作期间认识，他们的女儿出生在中国。他的岳父是阿根廷人。因此，当查尔斯·肯尼告诉人们非西方国家为欧美国家的人民贡献很大时，他大量的亲身经历可为佐证。无论求学、谋生、恋爱还是养家，他和他的家人从这个联系日益紧密、机会不断增加的世界获益良多。

如需获取更多信息，请登录全球发展中心官方网站
http://www.cgdev.org/expert/charles-kenny

权威推荐
THE UPSIDE OF DOWN

时寒冰　著名财经评论家

　　查尔斯·肯尼的观点新颖、别致而有震撼力，也对中国的发展提出了警示：时至今日，金融、科技和服务才是评判全球大国的尺度，对国民生活质量不闻不问，只将总产值作为衡量国家地位的指标是20世纪的典型做法。

王福重　著名经济学家、中央财经大学教授

　　《理性的繁荣》的作者所谓的美国受惠于发展中国家经济增长，是相当合情合理的。在全球化的时代，正是美国主导和带动的技术进步及其扩散，才有了发展中国家的经济增长。美国经济增长缓慢，是因为没有国家能替代美国的技术创新地位。但美国并没有衰落，只是不像新兴市场国家那么急功近利地追求增长本身而已。

张　捷　经济学者、中央电视台特约评论员

　　网络的崛起带来了管理成本的急剧下降，大国和人口的规模效益就变得重要，现在就是新技术带来的根本性的变化，我们要关注这样的变化和世界各国学者对此的思考，《理性的繁荣》就是大家不可忽视的另外一种视角。

《外交季刊》（Foreign Affairs）

《理性的繁荣》是一部生动的作品。查尔斯·肯尼劝诫西方各国抓紧时间制定利于其未来发展的全球规则，以保护西方世界的未来利益和地位。毕竟，西方世界在未来的相对优势地位将被大大削弱。

《波士顿评论》（Boston Review）

在众多讨论美国衰落的作品中，查尔斯·肯尼在新书《理性的繁荣》中难得地表示出一种积极的观点。正如书中所言，这本书不仅提供了一种"应对美国衰落论的方法"，而且提供各种阻止此预言实现的建议。肯尼认为：太过害怕失败是阻碍西方拥抱光明未来的最大障碍。这一观点非常有说服力。

《金融时报》（Financial Times）

书中处处体现出一种合乎情理的乐观态度，肯尼认为美国的相对衰落无法避免。非西方国家的崛起已经在如火如荼地进行，且是利于全人类的……书中肯尼对美国迷失方向的这部分描述得很精彩，他的观点相当鲜明：西方拥有大量资源，足以帮助所有人提高生活品质。

《权力的终结》（The End of Power）作者
莫伊塞斯·纳伊姆（Moisés Naím）

以美国在全球影响力下降为主题的文章、书籍和辩论很多。查尔斯·肯尼不仅证明美国衰落论论是错误的，还向人们提出了很多有说服力的个人观点，让我们惊喜连连。如果你对美国未来的出路感到迷茫，请阅读这本书。

《观察家报》(The Observer)

肯尼认为各国的经济发展并非零和博弈；相反，他用令人信服的方式向读者展示了一国的成功如何惠及其他国家。肯尼的辩驳以事实为依据，实际上是一篇颂扬全球化变革力量的赞美诗。同时，《理性的繁荣》也在展示随着各个国家日渐富强，每个人都将逐渐变得更富裕、更健康、更聪明。重申一遍，面对西方盛行的一种悲观情绪，肯尼的这本书无异于一剂强效解药。

《科克斯书评》(Kirkus Reviews)

《理性的繁荣》对未来经济持乐观态度，这种论调实在令人耳目一新。

《政客杂志》(Politico Magazine) 编辑
苏珊·格拉瑟（Susan Glasser）

查尔斯·肯尼是一个乐观派，同时也是一位能提供大量数据支撑个人观点的经济学家。因此，当他注视着盛半杯水的玻璃杯时，你不必担心他这么做的目的是想扩展交际圈。我们对"美国正在衰落而其他地区正在崛起"这一现象抱有先入为主的观念，肯尼在《理性的繁荣》里尝试改变我们过去的看法，并让我们确信没有必要过分担忧这种现象。

**美国普林斯顿大学政治与国际事务学教授　新美国基金会主席兼 CEO
安妮·玛丽·斯劳特**（Anne-Marie Slaughter）

只有查尔斯·肯尼能用这种的语调写一本关于衰落的书了，但他证明了巴西、印度、中国、非洲部分国家崛起的同时，美国的相对衰落实际上代表经济的绝对增长，肯尼为我们展现了一个更加光明的未来，而且这是一个以事实为依据的预测，并非痴人说梦。他激发了西方世界的希望和活力。《理性的繁荣》颠覆了我的世界观！

彼得森国际经济研究所高级研究员
《日食》（*Eclipse*）**作者**
阿尔温德·萨伯拉曼尼安（Arvind Subramanian）

  西方出现衰落，其他地区正在崛起，全球化正在如火如荼地进行，如果想弄明白眼前正在上演的这一幕并抱持理性的乐观态度，那么这本书是一本必备指南。让人钦佩的是，查尔斯·肯尼不仅擅长事实研究，而且能用清晰、轻快的方式阐述自己的观点。

专家推荐
THE UPSIDE OF DOWN

时寒冰
著名财经评论家

衰弱的增长与真实的富强

近年来,有关美国衰落与新兴经济体崛起的话题,一直讨论热烈。在许多人看来,美国衰落,把世界最大经济体的地位拱手相让,由新兴经济体(比如中国)取而代之是顺理成章的事情。

但是,查尔斯·肯尼却提出了对我们特别具有冲击力的观点:成为世界最大经济体真的那么重要吗?地理优势已经不再是评判大国地位的标准,实物商品和土地的评判标准也早已过时。时至今日,金融、科技和服务才是评判全球大国的尺度。对国民生活质量不闻不问,只将总产值作为衡量国家地位的指标是20世纪的典型做法。

如果对照新的评判尺度,我们会发现,在金融、科技和服务等方面，美国的优势地位是如此明显，新兴经济体根本无法撼动。在表面衰落的背后，隐藏着的依然是一个富强的大国，而一些新兴经济体经济增长虽然很快，但以牺牲环境、消耗资源甚至以牺牲民众幸福为代价。在这样的高增长背后，隐藏的是虚弱的真实。

金融的重要性，在当今这个时代无可替代，而美国无疑是全球金融体系的主导者，这种优势带来的力量是巨大的。当基于传统地缘理论指导的俄罗斯拿下克里米亚，它却在石油、金融博弈中一败涂地。以传统标准衡量的大国，在强大的金融博弈面前，也显得如此脆弱，如此不堪一击。

这个案例清晰地说明了一切。

美国良好的生态环境、国民的幸福指数，都是单纯追求GDP总量的新兴经济体难望其项背的。在查尔斯·肯尼看来，美国的相对衰落，并不掩盖其绝对增长的事实。笔者非常赞同这一观点，并且认为，经过金融危机洗礼后的美国，会变得更加强大。

对于一个锐意进取的新兴国家而言，看到对手的优点去学习、赶上，要比总盯着对手的缺点去嘲讽有意义得多。

难能可贵的是，在查尔斯·肯尼的书中，包含着一种博大的胸怀。他认为，西方不应该担忧所谓的"中国威胁"，而应该以包容的心态接纳新兴经济体的发展。西方国家应该欢迎非西方国家崛起，因为这不仅能使动乱或战争爆发概率的下降，还使西方国家在持续发展方面面临的风险大为减少。西方"每个人都应该为新兴经济体为他们带来的重大机遇而庆幸，特别是生活在新兴国家的人们，他们将拥有更大的优势"。

查尔斯·肯尼并非泛泛而谈，而是有着严谨的逻辑：世界各国的发展并非零和游戏，那种认为新兴经济体崛起美国就一定会衰落的观点是错误的。

世界各国可以一起发展，共同走向繁荣。

这种观点对那些思维僵化而顽固的西方人而言，所带来的冲击是颠覆性的。查尔斯·肯尼为他们打开了另一扇窗子。

查尔斯·肯尼也特别提到了中国和中国的企业。他对美国"终止任何与华为、中兴通讯相关的兼并、收购或合并行为"提出了严厉批评，理由是：其一，这两家公司都是世界上最具创新能力的公司。其二，增加了美国的就业。以华为为例，它在美国的14个办事处共雇佣了1 700名员工，还向美国的公司采购了价值66亿美元的零部件，而华为在美国的销售额仅为13亿美元。这种完全基于事实的观点，比基于情绪化的表述，显然更有说服力。

查尔斯·肯尼认为，不应该为中国的崛起而担忧，将中国视为苏联的后继者和美国的劲敌，在军事、外交和经济方面对其实施强大的大规模遏制政策，只会产生事与愿违的后果，犯下代价高昂的错误。中国越认同其在全球一体化中的经济大国身份，对其他国家，尤其是美国的国家安全和经济机遇就越有利。

通过这些文字，我们可以清晰地感知到，查尔斯·肯尼属于非常客观的经济学家。客观代表着一种高度，一种情怀。查尔斯·肯尼绝非站在一国的狭隘立场上去看问题，而是站在人类的角度去思考问题，并提出自己的观点，这使得他的观点显得新颖、别致而有震撼力。

也正在基于这种全球化的高度，查尔斯·肯尼强烈呼吁，"西方国家应该为大气中所含的大部分温室气体负责，他们拥有全世界最多的富裕人口，而且还在以不可持续的方式继续消耗地球资源。负起责任将会让西方国家的国民生活质量进一步提高。如果西方国家选择推卸这一责任，他们的生活质量就更不可能达到这一水平"。

查尔斯·肯尼对中国的发展也提出了一些警示,他指出,"近年来中国银行业的决策可能会导致中国经济崩溃"。但他同时指出,"我们应该通力合作,带着紧迫感和决心去应对这些问题。西方决不可将发展中国家持续的经济和社会进步视为威胁。相反,这是一个巨大的机会,西方国家应该尽一切努力去培育和支持发展中国家"。但我们必须保持清醒的是,自己的问题只有靠我们自己去解决,才能真正做到治本。

近年来,中国出版界引进的外版书籍越来越多,这为国人认识世界提供了更多便利。但也呈现出鱼目混珠的现象,导致一些粗制滥造的书也流入中国,也因此,笔者拒绝了许多为新书作序的邀请。笔者认为,评判一本书是否有价值,关键是看两点:其一,观点是否新颖、独立。其二,论述是否严谨、完整。以此来衡量,《理性的繁荣》无疑是一本值得一看的好书。是为序。

目录

前　言　新兴国家的崛起会是西方经济复兴的契机吗？　1

第 1 章　相对衰退，绝对增长　5

失去一个帝国，找到一个新角色

在跌出绝对产出排行榜后，美国该如何应对新的现实、如何与充满活力的发展中国家积极互动？是沉迷于西方世界所面临的风险之中，还是欣然接受全球一体化带来的好处？

中国"狼来了"，美国怎么办？　6
揭穿衰退论者的四个不光彩谎言　10
"全球漂一族"的黄金时代　16

第 2 章　西方衰落，事实还是假象？　21

财富根基：好制度胜过好运气

为何资质相似，从事同样工作的人在美国的收入要比印度高很多？穷人为何贫穷？是因为从未获得过脱贫致富的机会吗？还是他们根本没有脱贫致富的动力？

美国的好日子真的到头了？　22

I

跳跃的中国龙和印度象　24
财富由地理决定，更由人决定　26
亚洲世纪到来是必然的吗？　33

第3章　中国世纪，美国为何仍有优势？　47
最大并不意味着最好

如果人民币成为全球储备货币，将会为"勒紧裤腰带"过日子的西方富国带来怎样的投资机会？为何说更广泛地提升生活质量比获得全球经济和军事的领导地位更重要？

加速增长的富国存在吗？　49
评判大国地位的新尺度　53
经济规模等于生活质量吗？　55
中国经济越强，西方机遇越多　57

第4章　日益增强的全球经济纽带　61
未来比预期的要光明得多

中国制造业增加一个岗位真的就意味美国会失去同样一个岗位吗？如果新兴国家将其高质量的教育转化成不断增强的科技实力，如果孟买和上海将硅谷甩到身后，西方又该如何应对？

东方的繁荣，欧美应"期盼"？　64
来自新兴国家海外投资的商机　67
"土豪"挽救了美国经济？　69
中国，未来的创新之国　76
全球的价值观也在"趋同"？　83
两个有麦当劳的国家不会开战　89

第5章 资源和环境：人类繁荣的潜在障碍   99

财富的增加会毁灭地球吗？

下一个10年，全世界已经探明的石油储量是否会消耗殆尽？美国中西部地区的某个角落又在采用水力压裂法开采石油，或者印度又开了一家汽车工厂，就会导致气候灾难频发？

破解资源诅咒的假说   101
饥荒不再是头号"人类杀手"   105
温室气体：全球经济的严重威胁   108
低碳经济是气候剧变的救星？   117

第6章 愚蠢的堡垒心态   123

西方比任何时候都更需要新兴国家

如果大量人口从贫穷国家涌向富裕国家，会导致这些富裕国家变穷吗？如果不是外来竞争或移民抢走了欧美人的工作，那么谁才是抢走他们工作的人呢？

孤立主义：应对衰退的馊主意   125
移民会"吸干"美国的财富吗？   126
劳民伤财的安保升级举措   134
谁抢走了欧美人的饭碗？   138

第7章 新兴经济体带来的超级红利   145

全球性"游民"正在兴起

随着发展中国家变得越来越富裕、健康水平越来越高、社会越来越稳定和民主，人们在决定求学、赚钱和生活地点方面的选择面也越来越宽广。

III

"黄金理想国"外还有更好风景？ 146
北大领跑低成本的优质教育 148
饭前便后洗手，每年挽救140万生命 150
享受廉价的高品质生活 153

第8章 商品、金钱和人口全球化的主要推力 161
触手可及的全球一体化好处

美国贸易政策已经被好莱坞、底特律以及农业和烟草公司的特殊利益集团绑架了吗？为何说知识产权的垄断与阻碍移民将延迟西方经济复苏的进程？

垄断知识产权有弊端 163
中兴、华为是美国国家安全的威胁吗？ 169
排斥移民的移民之国 171
"富布莱特计划" 177
医疗旅游：一个有利可图的领域 181

第9章 多边主义：可持续增长和稳定的切实途径 187
担负起全球共同进步的责任

强大的国际货币组织会给世界各国带来怎样的好处？如何在不增加援助预算的情况下，改善更多贫困人口的生活质量？

"慷慨"的多边政策 188
谁操纵了国际货币基金组织？ 191
碳排放，更多责任在西方 194
仅靠援助资金能解决贫困问题吗？ 195

第 10 章　理性繁荣：从全球进步中获得更多幸福　203
生活质量才是持续发展的关键所在

过去数十年来，为何有些国家或地区的城市在发展，而另一些城市却走向没落？为什么生活质量方面的优势才是西方国家持续发展的关键所在？

繁荣的秘密　204
移民限制与经济活力呈正相关　206
"山巅上的光辉之城"　210

结 束 语　走向一个更加繁荣的未来　215
致　谢　219

新兴国家的崛起
会是西方经济复兴的契机吗?

假如你没法选择出生地点,但可以选择出生时间;从原始社会到如今我们所处的这个时代,哪个才是降临人世的最佳时机?你的选择一定显而易见,甚至十分明确:就是今天。无论你想要的是健康长寿、学习机会、物质条件还是哪种生活方式,也无论你打算生活在非洲、亚洲、欧洲或美洲,历史上任何一个时代都不如今天这样,生机勃勃、活力四射。

当然,今天的世界依然充斥着无数苦难。疾病、贫穷、暴力和冷漠正在危害人类的生命;但与过去相比,今天的生活依然要美好许多。

综合考虑以上原因,你会觉得,生在当今的西方世界就如同中大奖。即使过去几年里发生了许多负面事件，例如全球经济衰退、美伊两国关系紧张或朝鲜问题，也无法改变这一事实。

然而，人们对西方国家生活质量或将从巅峰跌落的担忧由来已久。有些人认为，中国或印度会在不久的将来超越欧美，而西方国家将会被抛弃在衰退的末路之上。还有人认为，石油、铜和水资源的短缺以及温室效应的加剧将会吞噬掉全球经济发展的成果。本书就将围绕人们的这种担忧展开论述。我们认为，只有生活在未来的欧美是比生活在如今欧美更好的选择；而"非西方国家"的崛起正是这一观点的主要依据。

本书涉及许多极具争议性的问题。我相信，本书对历史的回顾，如贸易与移民的影响、恐怖袭击的死亡风险或发展中国家的进步程度，都是基于最优秀的学术文献。当然，这只是一种主观判断，我并不总是能够从正反两个方面对这些争论进行全面总结。说到未来，本书力图给出最准确的推测。或许发展中国家将会逐渐陷入低增长的泥沼，而西方国家的年轻人却对此袖手旁观。

为什么我们对人类未来命运的预测必然会有误差呢？原因就在于：我们能够改变未来。发展中国家的崛起能给全世界带来好处，我希望西方世界能对此事实持开明态度，这种"利于各方"的观点将成为这个世界向积极方向发展的力量之一。

我是以一个西方人的身份表达上述言论的。我出生在一个欧洲人与美国人结合组建的家庭，在英国长大，成年后在美国生活，对此我感到十分幸运。我和我妻子的家庭中，有两代人是在国际联姻的结合中出生。五对夫妇中，只有一对双方都是美国人。因此，当我写到全球变化对欧美的影响，或欧美应该如何应对这种变化时，我用的词是"我们"。

在我的职业生涯里，我始终对亚洲、拉丁美洲和非洲国家保持关注，我有时就生活在这些国家。我的兄嫂是在香港工作期间认识的，他们的女儿出生在中国，对此我深感自豪。我的岳父是阿根廷人，我妻子在那里度过了童年时光。因此，当我告诉人们非西方国家为欧美国家的人民贡献很大时，我大量的亲身经历可作为佐证。无论求学、谋生、恋爱还是养家，我和我的家人都从这个联系日益紧密、机会不断增加的世界获益良多。

我还希望这个时代能为我的孩子、外甥以及还未出生的侄子们带来更多的幸福。非西方国家的人民越富有、越健康、越民主、越和平，以及受教育的水平越高，他们对世界的贡献就会越大。因此，虽然在可预见的未来，西方国家仍然是全世界最令人向往的乐土，与非西方国家的接触将会让全世界人民的生活变得更加幸福。

第 1 章
相对衰退,绝对增长
失去一个帝国,找到一个新角色

  与发达国家过去的做法相比,发展中国家已经走上了一条更具可持续性发展的道路。世界正在回归到一个人口数量决定经济主导地位的时代,与此同时"老牌富国"该如何调整才能搭上发展中国家的活力快车,在全球繁荣的时代分得一杯羹呢?面对世界经济秩序的不断变化,西方国家首先必须明白衰退中也蕴含着机会,才能找出合理的应对方法。

欧美向全球灌输其价值观的能力已不复存在，经济影响力也遭到严重削弱；但无论从哪个方面来衡量生活品质，如人口寿命、学习状况、假期长度、幸福指数、创新能力、中世纪建筑品质、午休时长以及全面的发展等，如今的欧美都比以往好太多。

中国"狼来了"，美国怎么办？

尽管美国正从2007～2008年的全球经济衰退中逐渐复苏，但其境内的非法移民却在陆续返回故乡，以寻求更美好的生活。过去的十年里，美国主导的两次战争都以惨淡收场，在外界却被轻描淡写地描述为"使命并未彻底失败"。若在几年前，美国邮政局想要避免违约①，只需关闭邮局网点的大部分业务数周就能做到，这不禁让人联想到罗马共和国的末日荣光。与此同时，在大西洋彼岸的欧元区，这个组织同样明显缺乏默契、胡乱拼凑，只能通过一些脆弱的联系来维系生存。90%的法国民众都认为他们的孩子将来会比自己更贫困。总而言之，这对西方来说是一段艰难的时期。

事实上，有关美国这个西方阵营的大哥是否还保有世界第一大经

---

① 2012年美国邮政局巨额亏损，是200年以来的首次违约。（本书中的脚注，若无特殊说明，均为译者注。）

济体地位的争论早已甚嚣尘上。前国际货币基金组织（IMF）经济学家阿尔温德·萨伯拉曼尼安（Arvind Subramanian）在其作品《日食：活在中国经济优势的阴影下》（*Eclipse: Living in the Shadow of China's Economic Dominance*）一书中曾暗示：按购买力平价计算，中国已超越美国，成为世界第一大经济体。世界银行（WBG）的统计数据表明，美国的经济形势依然强健，其经济总和约占世界总量的45%。但是，即便是最悲观的中国学者也会认同这样一种说法——中国13亿人口创造出来的总产值要超过3.1亿人口的美国只是几年内的事情。萨伯拉曼尼安总结道："中国相对美国在经济上的主导优势即将到来，并有着更加广泛的基础，甚至在20年后，其量级将可媲美大英帝国的鼎盛时期和二战后的美国。"

尽管中国可能是经济增长最迅猛的发展中国家，但它也仅是其中的崛起者之一。和中国一样，印度的经济规模在21世纪前10年里也实现了2倍以上的增长。或许到21世纪中叶，印度也将轻松超越美国。其他发展中国家，如巴西、印度尼西亚、尼日利亚和越南的经济出现快速增长的可能性也非常大。萨伯拉曼尼安认为，到2030年，发展中国家的GDP将占据全球GDP的1/3。

以上论述又引出了这样一个问题：当前的美国会成为下一个中国吗？自19世纪50年代开始，中国历经了长达一个世纪的饥荒、战争和冲突，致使这个国家从全球经济霸主的顶峰跌落至万劫不复的深渊。那时的中国GDP位居全球第一，而此前400年的大部分时间里，中国也一直保持着雄踞全球的地位。

然而，当时大不列颠帝国的经济已出现巨幅增长，也正是英国在

19世纪60年代迫使这个曾经的大国签订了一系列丧权辱国的条约，为自由贸易打开国门，其中包括来自英属印度的鸦片。这个远东巨人接下来苦难的100年由此开启，这是一个充斥着大规模内战、侵略和饥荒的世纪。

公平地说，即使是为美国全球霸主地位即将陨落而深感忧虑的人们，也不会做出如此悲观的预测，认为美国内战会卷土重来；但他们却将中国的复兴视为一种潜在威胁。

国际上，美国被排挤出各国的市场和安全协议；在国内，美国又受到中国这个新兴超级大国的债务制约；底特律"锈迹斑斑"的衰退迹象也正在向全国蔓延。"本次情况与以往不同，"《金融时报》副主编吉迪恩·拉赫曼（Gideon Rachman）如此警告道，"虽然美国将来自中国的新挑战当成另一个'狼来了'的故事也是情有可原的。但是人们一次又一次地忽略了这则寓言中的一个事实，即男孩的判断最终被证明是正确的。狼确实来了，而中国就是这头狼。中国的经济实力已经足以对美国的全球影响力构成挑战。"

但是西方还有一个更为乐观的选择。想象一个享受着后帝国时代威力的美国：一个退役的巨人轻松地洗了个盐浴，重新焕发活力，带着自信闪亮登场。中国失去大国地位90年后，继承这一地位的英国却又将其拱手让给美国。从此，英国一直遵循着这种发展模式。

美国可以从英国的经历中学到很多东西。在美国遭遇的10次重大危机中，要数1957年那次最为严峻。那年，自认为已是世界第一强国的美国千方百计地想将苏伊士运河据为己有。毕竟，那时的英国刚结束国内的食品配给制度。

但仅在苏伊士运河危机向世界宣告英国的帝国野心走向终结的一年后,哈罗德·麦克米伦(Harold Macmillan)首相就宣布其国民"从未如此富有过"。确如他所言,当时英国人的财富、健康和受教育程度均达到了前所未有的高度。自20世纪60年代起,英国放弃了建立帝国的想法,以及其在非洲、亚洲的殖民地;从那时起,英国就迎来了披头士、迷你宝马和自由性爱。对比沉迷于《王牌大间谍》(*Austin Powers*)的丑陋美国人,到底哪个国家的国民,其幸福感更高呢?

如今,英国依然在国际事务中不厌其烦地强调自身的重要性。然而,事实是只有英国皇室那过气的荣耀还可以勉强保证英国在国际媒体上露面。英国保留了昔日大国地位的排场,比如联合国安理会席位和一只小型核潜艇舰队。但已卸下"殖民时代全球领导者"重担的英国,让其两洋舰队退役,或者英镑贬值,也根本不会造成重大的影响。英国也可以积极参与"集体活动",例如加入欧盟和在《京都议定书》上签字。它不会有美国那种自降身份之感。还有更好的消息,英国最近从几个过去的敌国引进了新的烹饪方法,它的国民外出就餐时,可以不用老纠结在布丁香肠和葡萄干布丁之间了。

虽然美国、英国和19世纪的中国都面临着同一个事实——没能力扭转或减缓相对的全球性衰落;但与19世纪中国衰落后的遭遇相比,美国目前面临的时期与20世纪英国的衰落更相似;而更重要的是,美国还是一个相对富裕、民主和稳定的国家。实际上,在1960年之前,美国的经济状况一直都远优于英国:它并没有被第二次世界大战弄得元气大伤,其全球帝国的经济基础也没有遭到严重破坏,我们在美国的大部分地区还能够找到为数不少的高品质餐厅。

揭穿衰退论者的四个不光彩谎言

未来几十年里,美国将如何应对新的现实,包括如何与非西方国家互动呢?19世纪的中国崩溃得太快,以至于在接下来完全丧失了主动权。但可以很直接地说,更大规模的国际参与并非这一问题的解决之道。相比之下,总是自觉比欧洲大陆高人一等的英国在经历了一个不利的开局后,开始怀着大卫·哈塞尔霍夫(David Hasselhoff)或帕丽斯·希尔顿(Paris Hilton)般的热情,接受了自己二流大国的角色。人们形成了一种普遍共识,英国再也不可能引领什么国际潮流了;再加上英镑所扮演的"丑小鸭"角色,这个国家开始更多地将注意力放在全民医保和巨蟒剧团等事情上。比起被迫为英国领导人的帝国野心买单,这对英国国民和非西方国家来说都是一件好事。英国已经成为地产开发、环境保护以及维和领域中不可或缺的世界公民。

与半个世纪前相比,即便正处于经济恐慌之中,欧洲依然是绝佳的人类宜居地。当然,欧洲向全球灌输其价值观念的能力已不复存在,其经济影响力也遭到严重削弱;但无论从哪个方面来衡量生活品质,如健康、教育、自由以及公厕的质量,欧洲的现状都要比以往好太多。衰退和坚忍是可以共存的。事实上,在人口寿命、学习状况、假期长度、幸福指数、创新能力、中世纪建筑品质、午休时长以及全面的发展程度方面,欧洲国家经常位于全球榜单的前列。或许欧洲大陆其他地区的重要性有所下降,沦为西欧可有可无的附庸,但那里的人们依旧可以享有美好的生活质量。

美国也能享受同样的"衰退",而这实际上将是美国跌出绝对产出排行榜后的自我救赎。但面对不断变化的世界经济秩序，西方国家首先必须明白衰退中也蕴含着机会，如此才能找出合理的应对方法。而要理解这一点，我们必须打破悲观主义者对未来的消极论调。

衰落论者对未来悲观预期的背后，隐藏着四条可疑的假设：

1. 西方应该对自身的衰退负责；
2. 最大即最好；
3. 非西方国家的崛起对西方国家不利；
4. 美国堡垒或欧洲堡垒是我们唯一的保证。

于是，查尔斯·克劳萨默（Charles Krauthammer）在《旗帜周刊》（*The Weekly Standard*）上宣称"衰退不是一种状态，而是一种选择"。他警告说："国际社会依然维持着一种霍布斯式的自然状态，在这种状态下，所有国家都在为自己争取权力；因此，就算我们自愿放弃大部分权力，也不要指望非西方国家会做同样的选择。他们只会去填补那些权力的真空。此时必然会发生权力关系的倒置。"对衰落论者的某些论调深信不疑的不仅是那些右翼学者。以约瑟夫·奈尔（Joseph Nye）为例，他在自由主义堡垒——哈佛大学中慷慨陈词：虽然"非西方国家的崛起"意味着美国将会失去主导地位，但只要美国采取措施，提高税收、压缩开支并改善中等教育，中国未必一定能取代美国，成为领先世界的超级强国。

在这四条假设的阴影下，衰落论者为华盛顿和布鲁塞尔开出的处方对整个西方世界来说，无疑都是有害的。尽管他们同时获得了来自

左翼和右翼的支持,但这四条假设根本站不住脚。

第一条假设:西方应该对自身的衰退负责。其依据是政府对教育、公路或企业的财政支出太少;赋税过高或过低;年轻人沉迷于电视,并越来越肥胖;老年人的医疗费用过于高昂。所有他们能想到的因素,都是导致西方衰落的原因。

但还有一些好消息:这次犯错的并不是西方;本书第 2 章将就此展开论述。近年来,美国经济确实举步维艰,但总的说来还是保持着略高于 2% 的增长率,而且是在大学入学率跌至冰点、没有四处修建高速公路、仅保留 3 个电视频道以及肥胖人群和老龄人口数量最少的情况下取得的这一成绩。

20 世纪 90 年代末的科技繁荣期见证了高于当前 2 倍的增长率,这一情形与欧洲十分相似。与此同时,中国和印度在 2011 年实现了 10% 的增长,相当于美国的 4 倍多。总体而言,发展中国家正在经历一个快速发展期,这是因为西方国家在科技方面的巨额投入可被发展中国家利用,使他们赶上我们的富裕水平。世界正在回归到一个人口数量决定经济主导地位的时代。除了工业革命外,人类历史大部分时期都处于这种状态。因此,我们不应将西方的衰落归咎于美国政府、欧共体官员、今天的孩子或那些婴儿潮时期出生的人们。不管他们有多么令人讨厌,我们也不应该因中国的崛起而对他们横加指责。原因很简单:中国的人口远多于美国或欧洲。

第二条假设:最大即最好。它一味强调了做大的好处。诚然,尤其对美国来说,"大"是繁荣之本。从全球最强大的军队到奥运会最多的奖牌总数,占据全球主导地位就是美国国民心态的一部分。因此,想到全球最大经济体的地位就要拱手让人，的确让美国人很受伤。超强经济地位的丧失似乎意味着更加快速的衰落，国家安全面临着前所未有的威胁以及全世界都会弃美国而去。

但做大带来的并非总是好处，想一想西方国家越来越突出的肥胖问题。事实上，本书第3章要表明的一个观点就是：做大的好处被过分夸大了。首先，做大并没能阻止美国在2008年进入衰退期。事实上，过去40年，美国在健康状况、财富水平、休闲时间、自由程度、惩治贪腐或治安状况的全球排名上均有所下滑。不仅如此，美国在贸易、金融和军事等领域的规模优势也一去不返。

世界贸易组织（WTO）对贸易政策进行了限制，全球金融体系降低了美元作为储备货币的地位，美国人对负担战争成本的忍耐有限，同时全球对侵略战争的厌恶与日俱增，这些都对美国的帝国探险活动形成了制约。以阿富汗战争和伊拉克战争为例，这两场战争都是以维护世界稳定和公众利益为目的的防御性战争，具有正当性。毫无疑问，但就算是作为当之无愧的全球军事霸主，美国最终还是得把这两个国家交还他们自己管理。更理想的情况是，由于上述限制也同样适用于中国，其日益壮大的经济可能对西方世界造成的"威胁"也可能会受到制约。

第三条假设：非西方国家的崛起对西方国家不利。正如早前日本的崛起，西方悲观主义者将非西方国家的发展视为严重威胁。似乎非西方国家越富有，就意味着西方国家越贫穷。中国的工厂每增加一个工人，路易斯安那州就会有一名工人失业。印度的呼叫中心多聘用一名员工，纽约就不得不辞掉一名接线员。西方人害怕非西方国家的崛

起还有一个理由——那些国家的富人也和我们一样要消耗大量资源。近来,我们亲眼见证了泡沫的破裂,整个世界陷入衰退。随着环境和经济的崩溃,很多人都预测地球终有资源耗尽的那一天。

本书第4章的观点是,未来比人们预期的要光明得多。只需稍加思考,你就会发现我们对经济形式的担忧即使不是完全错误,也显得过于简单化了。如果全球财富的增加真的意味着西方国家境况恶化,那么美国和欧洲绝对不会允许非西方国家变得更加富有。事实上,海外发展迅速的经济体成为了我们的出口目的地、投资目的地和资金来源,同时也是新想法、新技术和新产品不断扩大的来源地。这一切都可以改善全世界的生活质量。当然,海外的新兴产业会与西方国家的既得利益集团形成竞争,但这同样能创造机会。想想看苹果公司、肯德基和星巴克是如何向中国的年轻人们推销产品的。只要我们帮助他人进行变革管理,全球繁荣对西方国家而言也是一件好事。一个更加和平和国际化的世界将更适合人们旅游、贸易,也更适合人类居住。

那么西方的可持续性又怎样呢?欧美的空气、油田和铜矿足够支撑不断增加的全球人口和日益扩张的财富吗?地球正变得越来越热,拥挤不堪,资源消耗量也越来越大,这种境况会引发因为资源和环境崩溃所导致的战争吗?我认为,人类的未来比我们今天所担忧的更加可控。特别是以地球的矿藏储备为例,全球经济面临的挑战并非矿藏的枯竭,而是如何可持续性地利用丰富的地球资源。如果我们将加拿大的焦油砂和全球已探明的矿物燃料中所含石油全部开采出来,足以将地球烤干。幸运的是,与发达国家过去的做法相比,发展中国家已经走在一条更具可持续性发展的道路上。

此外，全球繁荣将增强人类面对资源危机的应对能力。技术进步让我们研发出更多的新能源，更多的低耗能产品。全球财富的增加也让我们更加从容地应对资源价格上涨。毫无疑问，我们亟待找到应对全球不可再生能源枯竭的应急之策，但人类一定有能力走上一条可持续增长的发展之路。

第四条假设：美国堡垒或欧洲堡垒是我们唯一的保证。一个被两场可疑战争拖累，同时深受衰退打击的美国展现出一些向孤立主义的倾向，这没有什么好奇怪的。如果世界对美国的领导没有心怀感激，如果中美贸易只是给中国塞去了一堆借条，如果开放边境只是让墨西哥人抢走了美国人的工作，让恐怖分子和新的灾难威胁到美国人的生活，那么很显然，美国民众的反应肯定会闭关锁国，并希望整个世界从美国眼前消失。

本书第 6 章想要说明的是当今的西方比以往任何时候都更需要非西方国家。大概 20 世纪 70 年代以前，美国的孤立主义政策或许延长了其最大经济体的地位。但在今天，切断美国与世界其他国家的贸易、投资和人员交往只会两败俱伤，但受伤更重的还是美国自己。

以移民政策为例：关闭边境当然很好，但坐收渔利的人是谁呢？随着老龄化的不断加剧，吃苦耐劳的年轻人越来越少，西方需要输入劳动力。同时，美国从人口输出中得到的好处更加明显：年轻人可以赴海外接受更便宜的教育，成年人可以到国外寻找工作和投资机会，老年人退休生活会更加舒适，可以享受更便宜的医疗服务。

最后，尽管美国不会是气候变化的第一个受害者，也不会是受害程度最深的国家；然而，当夏日的亚特兰大具备了一台烘烤炉的全部特点，或者当威尼斯海岸更名为威尼斯防洪堤时，我们就会清楚地知道为何美国必须向欧洲学习，加入为全球环境问题寻求解决方案的队伍中去了。这仅是美国必须与其他国家携手合作，共同应对的一大堆全球问题中的一个。

"全球漂一族"的黄金时代

　　衰退论者四个不光彩的虚假谎言不仅是错误的，而且还带来了严重的后果。一系列灾难性的政策都建立在这一危言耸听的论调之上。那些基于"西方国家可以凭自身力量在衰退面前力挽狂澜"的观点而出台的政策，其效果相当于拎个沙包去抗洪：非但毫无帮助，而且还分散了迎接新世界的精力。西方国家将深受发展中国家崛起之害的想法呼吁人们采取保护措施，布置一张产业安全防护网，而这只会把我们的经济弄得更糟。对大国地位不保的恐惧煽动国民为了保住所谓的领导地位而增加一些莫名其妙的支出，其中就包括为掩藏美国日渐势衰事实的"面子工程"——国防。

　　此外，"美国堡垒或欧洲堡垒是唯一安全保障"的想法挥霍了西方巨额的财富，并对世界其他国家造成了巨大伤害。更严重的是，如果继续忽视那些渴望成功的青年移民，那么退休将成为美国人真正的噩梦。高尔夫球场将被丛生的杂草覆盖，股票资产也将由于美国公司员工不足而面临资产缩水。

　　"老牌富国"的人民如何才能搭上发展中国家的活力快车，确保其持续发展的态势，在全球繁荣的时代分得一杯羹呢？第7章将为读

第 1 章 相对衰退，绝对增长
失去一个帝国，找到一个新角色

者——呈现那些增长强劲的新兴经济体中所蕴含的机会。全球在教育、工作、医疗和退休领域中蕴含的机会将使欧洲、美国以及其他发达或发展中国家都能以更低的成本享受到更加高质量的生活，同时还能让人们赚到更多的钱。但大多数还是会留在自己的家乡，过着舒适的生活。未来30年将是一个见证"全球漂一族"崛起的年代。在第一国出生，第二国接受教育，第三国工作，第四国创业，最后在第五国退休。我们希望看到大量"全球漂一族"都是来自美国和欧洲。

本书第8章对美国政府提出了建议：现在正是接受全球一体化带来好处的时候。我们制定的贸易和投资政策应充分释放跨国境流动的资金。在这个"全球漂一族"的时代，最重要的是让人们无论生活在哪里，都能掌握一些立足社会的技能。美国医疗补助计划和佩尔奖学金等项目应该考虑到福利待遇的可移植性，这样政府和个人就可以通过向国外寻求服务来节约开支。

考虑到美国使用蛮力达成目标所带来的毁誉参半的效果，通过扩大国外援助的形式进行国际贿赂或许是一个成本更低、效率更高的替代方法。对于西方国家而言，持续发展的最大威胁并非那些无赖国家，而是全球环境的持续恶化。本书第9章的论点是，美国需要通过率先应对来自气候变化、渔业资源持续下降的挑战来切实提高它在这一领域的国际地位。对资源使用征税并设置上限是目前的当务之急。在消除世界范围内最后一批绝对贫困人群和迎接全球医疗健康挑战方面，西方国家还将发挥出更重要和更良好的作用。

第10章就美国应遵循的一些政策展开论述。通过这些政策，美国可以利用更加富裕的世界来确保美国梦不仅只是一个梦想。这个梦想就是保证每一个年龄达到 21 岁的美国公民都能享有体面的医疗保健和接受到良好的教育；确保每一个孩子，无论他有多么贫穷或多么糟糕的背景，都能获得迈向成功的机会。在经济日益全球化的时代，对人的投资所带来的回报要远远大于对那些夕阳产业的资助补贴。

在一个悲观情绪泛滥的时代，传播积极观点是十分危险的举动，会被斥为过分天真乐观，无法辨别当前的苦难现实和未来的灾难。人类的现实苦难已经够多了，而我们还要承担未来灾难的风险。我们应该反复的承认这一点：全球一半人口的收入水平仅相当于美国贫困人口收入的 1/4，甚至更少。资源、医疗、安全和社会交往的缺乏导致这类人中的大部分，以及西方国家的许多人生活在苦不堪言的环境中。不仅如此，未来还有一些实实在在的危险在等待着我们，例如地缘政治关系的紧张、全球化进程的退步、不断升高的海平线以及枯萎的植被等。

然而，悲观与恐惧加重了上述风险的程度。建议"拉起吊桥"，实施孤立政策的正是那些对中国崛起怀有忧虑之心的人，他们提出要切断贸易往来和加强军事投入。那些支持弱化全球性组织机构和限制移民的人宁愿选择绝对衰退与相对稳定，也不愿看到相对衰退和绝对增长。那些人拒绝所有的国际条约，宁愿让美国适应全球变暖，也不想通过国际合作来避免这一灾难。

悲观主义可能成为一则自我应验的预言，或许人类的美好未来所面临的最大威胁就是沉浸于对失败风险的忧虑之中。对未来保持乐观才是最为可信，也最有利于人类的态度。衰退论者只是沉迷于他们自身以及西方世界所面临的风险中。

注 释

1. Arvind Subramanian, *Eclipse: Living in the Shadow of China's Economic Dominance* (Washington, DC: Peterson Institute, 2011).

2. Gideon Rachman, "Think Again: American Decline: This Time It's for Real," *Foreign Policy* (January–February 2011).

3. Charles Krauthammer, "Decline Is a Choice: The New Liberalism and the End of American Ascendancy," *The Weekly Standard* 15, no.5 (October 19, 2009).

4. Joseph Nye, "The Decline and Fall of America's Decline and Fall," Project Syndicate, October 6, 2011, available at: http://www.project-syndicate.org/commentary/the-decline-and-fall-of-america-s-decline-and-fall.

The UPSIDE OF DOWN

第 2 章
西方衰落，事实还是假象？
财富根基：好制度胜过好运气

为何资质相似，从事同样工作的人在美国的收入要比中国高很多？为什么这个世界上只有一些国家是发达国家？西方国家之所以能够领先其他国家，凭借的是六大"杀手级应用"：竞争、科学、产权、医学、消费和工作。弗格森认为，现在非西方国家已经"下载"了这些"应用"，这说明了一种全球范围内的、持续的收入和生活质量进步的可能性。

 美国相对的经济衰退与华盛顿的僵局、华尔街的愚蠢与唯利是图、年轻人的实干精神,乃至"伟大一代"的离世无关:非西方国家联合起来,携手行动,不断保持经济增长才是根本原因。

美国的好日子真的到头了?

历史学家罗伯特·卡根(Robert Kagan)抱怨,近来权威专家们突然从美国的吹捧者转变为抨击者。他指出,2004年,法里德·扎卡里亚(Fareed Zakaria)认为美国享有"全面的单极地位",但仅仅4年之后,《新闻周刊》的编辑和美国有线电视新闻广播网(CNN)的主播却开始谈论"后美国时代"的话题了。

持这一观点的不仅是舆论界。针对14个国家的皮尤调查表明:在2010年,有40%的受访者认为美国是头号强国,而认为中国是头号强国的受访者则占36%;到2012年,中国以42%的支持率超过了美国36%的支持率。虽然中国自己并不这么认为,但对于"美国的好日子已经到头了"的看法,美国受访者的认同率超过了全球平均水平。

于是,批评的声音在美国随处可闻,到处都充斥着对华盛顿的指责。为何美国正在衰落?为何美国掉队了?美国将注定成为一个二流大国吗？人们将责任归咎于国会、总统还有东海岸的媒体精英们。

那么这些人都是谁呢？我们以托马斯·弗里德曼（Thomas L. Friedman）和迈克尔·曼德尔鲍姆（Michael Mandelbaum）2011年合著的作品《曾经的辉煌》（*That Used to Be Us*）为例。该书的副书名是《美国人为何落在了其一手打造的世界之后，我们该怎样归来》。两位作者在书中表达了对福利改革、可替代能源投资和加快地铁扶梯维修速度的支持，认为这些是美国再次崛起的关键。同时，尼尔·弗格森（Niall Ferguson）在其作品《文明》（*Civilization*）一书中指出，**西方国家之所以能够领先其他国家，凭借的是六大"杀手级应用"：竞争、科学、产权、医学、消费和工作**。弗格森认为，现在非西方国家已经"下载"了这些"应用"，但如果美国重启软件，就能实现美国文明的更新升级。美国在这方面做得一直不是很好。弗格森认为，在奥巴马总统执政期间，美国"即便不能称为一个退役的超级大国，也是一个后撤的超级大国"。

这种看法有几分道理，美国政府还是可以把国家治理得更好的。尤其是像弗格森指出的那样，联邦政府可以在特殊利益集团的游说和混乱的医疗体制方面做些改革。正如弗里德曼和曼德尔鲍姆指出的那样，加大基础设施和教育投资，执行更加严格的能源标准都是很有用的政策。但是，认为只要华盛顿行动起来，并严格按照《华盛顿邮报》行事，美国就仍能保住头号大国地位的想法十分愚蠢。的确，弗格森有时也承认"中国世纪"几乎是早晚的事，长期超越中国或印度的想法不过是美国的一厢情愿。

美国相对的经济衰退与华盛顿的僵局、华尔街的愚蠢与唯利是图、年轻人的实干精神，乃至"伟大一代"的离世无关。非西方国家联合起来，

携手行动才是根本的原因。当然,这并不是说美国所做的每件事情都是正确的;本书剩下的大量篇幅就美国如何参与建立一个充满机会的新世界展开讨论。我们必须认识到,"美国重获主导地位"的政策注定会以失败告终。

跳跃的中国龙和印度象

就像哈佛大学的兰特·普里切特(Lant Pritchett)所说的那样,在过去 200 年的大部分时间里,全球财富分配不公是导致"富者更富,穷者恒穷"的原因之一。1870 年,全球最富裕国家的收入大约是最贫穷国家的 9 倍。但到了 1990 年,这一差距被拉大至 45 倍。在弱势一端的许多经济体,发展停滞,人口却出现快速增长。

因此,全球"绝对贫困"(即生活标准在 1.25 美元/天以下)的人口巨幅增加。根据世界银行研究学者陈少华(Shaohua Chen)和马丁·拉瓦林(Martin Ravallion)统计:1981 年,共有 19 亿人口,即发展中国家一半的人口生活在绝对贫困之中。在这种程度的贫困下,个人获得资源的大部分被用于维系生存,而用于住所、医疗或其他方面的则所剩无几。

但从那以后,情况发生了逆转。20 世纪 80 年代,世界银行数据显示,发展中国家的人均 GDP 增长率为 1.4%。21 世纪前 10 年,这一数字飙升至 4.4%,远高于发达国家的增长率。因此,许多曾经的"发展中国家"如今已变得非常富裕。20 世纪 60 年代,几乎没人会否认意大利和奥地利是"发达国家"。但时至今日,不仅是中国、墨西哥、泰国、俄罗斯、马来西亚和阿根廷等国家的人均收入也已远超当时的意大利和奥地利。

与此同时，美国、英国、德国和日本的人均收入在过去10年中保持着1%左右的年增长。2000～2010年，美国经济的规模扩大了18%，超过了英国的15%和德国、日本的不到10%。世界银行根据过去10年的GDP增长数据对164个国家进行排名，美国位列134位，英国、德国和日本分别排在140位、154位和155位。而过去10年中增长排名前19位的国家均为发展中国家，这些国家在2000～2010年的GDP增长率均超两位数。这19个国家中包括了一些真正的大国，尤其是中国和印度。因此，全球大约26亿人口可从这些国家的经济繁荣中受益。

但这并不是一个跳跃的中国龙和印度象的故事，即便是一贯被视为经济死水区的非洲也走上了类似的发展进程。或许很多人忽视了非洲大陆势如破竹的发展，因为按照市场汇率计算，49个非洲国家的整体经济规模还未达到美国得克萨斯州的水平。但在撒哈拉沙漠以南地区，经济规模增长超过两位数的非洲国家至少有8个。的确，在全球10年GDP增长排名前40个国家中，撒哈拉以南非洲的国家就占据了7席。虽然自2000年以来，该地区的人口数量增长了28%，但其当前GDP与2000年相比增长了60%这一事实表明，该地区平均收入大约比10年前增加了1/3。

反过来说，世界绝对贫困人口数量已经大幅减少。据布鲁金斯学会的劳伦斯·强迪（Laurence Chandy）和杰弗里·格茨（Geoffrey Gertz）估计，全球生活标准在1.25美元/日的人口数量从1981年的

19亿人减少至2005年的13亿人。他们认为，这一数字到2010年将降至9亿人。他们估计贫困人口的比例将从1981年占发展中国家人口的一半缩减至今天的不到1/6。

财富由地理决定，更由人决定

西方国家和非西方国家的对立形势以及全球人民的绝对生活质量所面临的真正问题在于：发展中国家会继续沿着过去15年的发展态势前行吗？或者他们又会回到长期停滞不前的老路上去？虽然20世纪60年代刚独立的一批发展中国家经历了经济的快速增长，这种态势与当时的富裕国家有着趋同的态势，但这种增长很快便消失了；没有什么东西是注定的。

上述问题的答案部分取决于这些国家财富下面的根基是什么，是人还是地理位置？是什么造就了他们的贫困？因为某些地方的人不具备创造财富的能力？还是与他们所处的社会性质或生活的地理环境有关？如果是与国家所处的地理位置而不是其人民有关，那么这是一个容易改变的因素还是一个需要历经数个世纪才能有所改观的特征？某些国家长久的经济落后局面是注定的吗？

有关人种和地理位置的争论，是大至整个地球，小至每个城镇上所有富人和穷人都关注的话题：穷人为何贫穷？是环境的问题，还是某个人层面的道德或智力缺陷？是因为穷人从未获得过脱贫致富的机会吗？还是他们根本没有脱贫致富的动力？

相信只要美国的穷人不懈怠工作，或者没有任何先天的智力缺陷，就一定能获得成功；这一观点歪曲了他们对国际化发展的思考。但事实上，非洲和亚洲的贫穷与肯尼亚人和巴基斯坦人无关，而是他们的国家的问题。世界上的人们有着相同的动机和能力，但他们所处的社会和地理位置制约了他们将劳动转化为财富的机会。

普林斯顿大学经济学家奥利·阿申费尔特（Orley Ashenfelter）为美国国民经济调查局编制的材料清楚地说明了这一问题。他考察了世界各地麦当劳员工的工资情况，并将他们的工资与他们制作的一个巨无霸汉堡包成本进行对比。巨无霸是一种标准产品，全球制作巨无霸的方法是高度标准化的，所需要的技能水平也是一样的。但结果显示，世界各地的麦当劳员工每小时赚取的巨无霸数量有着惊人的差异。

在美国，一个麦当劳员工的平均小时工资约为 7.22 美元，而一个巨无霸的平均成本是 3.04 美元。因此，每个员工每小时挣到 2.4 个巨无霸。而在印度，员工的小时工资为 0.46 美元。印度巨无霸用比牛肉更便宜的鸡肉制作，其成本仅为 1.29 美元，但员工每小时仅挣得 1/3 个巨无霸。同样的工作，同样的技能，印度麦当劳员工的小时工资仅仅相当于美国员工的 1/7。与印度相比，在美国工作存在着巨大的"位置溢价"。

受位置溢价影响的不仅是低端服务业。我在全球发展中心的同事、经济学家迈克尔·克莱门斯（Michael Clemens）研究了一组某国际软件公司的雇员，该公司的总部位于印度。这些雇员同时申请前往美国分公司从事相同工作的临时工作签证，其中一些人幸运地获得了签证，而另一些人则未能获得签证。那些获得签证的员工仍然在同一个项目上从事相同类型的工作，但收入却存在巨大差异。根据购买力调整后，

那些转去美国工作的雇员,其赚取的工资是其印度同事的2倍。

他们之所以赚得更多,并不是因为他们有什么不同,这种差异完全是随机的,而不是以教育、能力或积极性为基础。一旦回到印度,他们的收入就又会和其他印度员工一样了。在美国赚得更多,只是因为他们是在美国而不是在印度。克莱门斯总结道,仅地理位置,即位置溢价这一个因素,就能够解释美国的软件从业人员和他们的印度同行的平均收入3/4的差距。另外1/4的工资差距则是由生产基础和努力程度的区别决定。

因此,从全球来看,有关决定谁是富人谁是穷人的争论,主要的原因并非你是谁,而是你来自哪里。为何资质相似,从事同样工作的人在美国的收入要比印度高很多?答案是基础设施;不仅是良好的公路和电力网等实体基础设施,还有包括相对稳健的银行系统、商业法规和监管制度的经济基础设施。有了更高质的公共产品,同等资质的美国员工付出相同程度的努力,就能比印度的员工创造出更大的价值。

但如果我们抛开人种或地理的因素,考虑其他因素:为何美国有着更为优越的制度?地理位置的不利因素很容易被改变吗?我们就会看到很多发展经济学领域的重要学者就开始忙于到历史书中去寻找答案了,他们的观点是体制问题的确非常复杂。

十多年前,经济学巨著《为什么国家会失败》(Why Nations Fail)作者、麻省理工学院的达龙·阿西莫格鲁(Daron Acemoglu)、西蒙·约翰逊(Simon Johnson)与詹姆斯·罗宾逊(James Robinson)联合发表了一篇论文,该论文显示,在19世纪,当地居民都相当健康长寿的欧洲殖民地,如北美洲和澳大利亚,到了20世纪末时都成了富裕国家。

与此同时，在非洲和加勒比海等地区，早期殖民者则大批死于疟疾或黄热病，如今这些地区的国家变得更加贫穷了。

阿西莫格鲁和约翰逊认为，其原因就在于在那些仅有少数殖民者精英幸存下来的地方，社会形态都非常不公平，殖民地当局向大众提供的健康和教育服务的动机不足，甚至还存在主动抑制这种动机的现象。与此相反，在那些殖民者身体状况健康、集中居住的地方，社会就会向着更加公平的方向发。然而，在此过程中往往会发生消灭本地居民的事件。

阿西莫格鲁、约翰逊和罗宾逊的著作拉开了进一步挖掘历史资料，寻找现代成果与历史特点之间在统计学上的联系的序幕。2006 年时，我们已经完成了过去 3 000 年的统计工作。

当纽约大学的比尔·伊斯特利（Bill Easterly）和他的同事提出"国家的财富早在公元前 1000 年就已经确定了吗？"这一问题时，他们发现当时拥有书写、陶器、锻造、轮车、农业和铁兵器等技术的地区，在 3 000 年后都成为了富裕国家。

这是一个令人担忧的发现，至少乍看如此。它暗示着，今天国家的富裕和贫穷是由数个世纪或上千年的历史决定的，且与这些国家是否发展出了可提供优质公共服务的政府体系有关。由此可以得出一个必然的结论：今天的贫困地区很可能将长期保持这种贫困状况。或许最近来自亚洲、非洲或其他发展中国家的好消息不过是暂时的例外。正如这些地区在 20 世纪 60 年代出现的强劲增长，但到了七八十年代却在崩溃一样，或许再过 20 年，我们将再一次看到它们陷入发展停滞的境地。

针对令人压抑的"历史宿命论",不久前,一些最具冒险精神的国家开始了它们的发展实验。洪都拉斯政府决定在该国东部沿海地区建立"特设城市"(charter city)。"特设城市"是纽约大学经济学家保罗·罗默(Paul Romer)首创,它在相当程度上独立于洪都拉斯的政府机构。

按照原本的设想,"特设城市"本该处于一个由杰出经济学家和开发人员组成的国际机构的监督之下,适用于地球另一端的毛里求斯高等法院所颁布的司法制度,并免于洪都拉斯国会干涉。但洪都拉斯高等法院阻止了这一设想,于是罗默只好取消了这个项目。但"特设城市"的逻辑是如果制度是走向成功的秘诀,现在洪都拉斯的制度不起作用,而且在很长时期内都将如此,那么解决的办法就是从该国隔离出一块区域,并从其他国家引进更为有效的制度,比如21世纪的香港。

幸亏洪都拉斯否决了他们的特设城市,说远一些,对于所有的发展中国家也是如此;因为我们还有一种更加乐观的研究经济史的方法。虽然从你的居住地可以很大程度上预测你的相对财富、健康和教育程度,但从你所处的时代也能做出相同的预测。这说明了一种全球范围内的、持续的收入和生活质量进步的可能性。

30年前,理查德·伊斯特林(Richard Easterlin)在经济史学会发表主席演讲时,曾问道:"为什么这个世界上只有一些国家是发达国家?"这让我们对未来有了一个更加乐观的看法。他给出的答案是,经济增长是蒸汽机和流水生产线等生产技术知识扩散的结果。而普及性的教育是这类知识传播的基础。他指出,现代社会中,最富有的国家很早就普及了基础教育,所以贫困的国家也应该通过普及教育来奋起直追。

伊斯特林的分析与阿西莫格鲁、伊斯特利等学者近来的观点不谋而合。毕竟19世纪已经普及了基础教育的国家，要么有着光辉的殖民历史，要么早已称霸海洋。但伊斯特林对穷困国家未来的预测要乐观得多。他指出，目前基础教育正在发展中国家迅速普及，但这种普及是与"现代经济增长的扩散"相伴的。伊斯特林预计，随着20世纪末各国向低生育率和长寿的人口转型，"发展中国家的长期增长率至少会达到发达国家历来的最高水平"。

经济史学家对健康和教育趋势的判断是对的。根据世界银行的数据，自1960年以来，中国和印度的预期平均寿命分别增加了30年和23年。自1990年以来的20年里，中国和印度的中等教育入学率分别从38%增至80%和从37%增至60%。其他大多数发展中国家的情况也与之类似。1990年，全球15岁以下儿童的死亡人数是1 200万。到2010年，这一数字降至800万以下。人类历史上所有寿命达到65岁的人，一半还在世，这很好地反映出人类健康状况的改善已成为世界趋势。当前海地、赞比亚和孟加拉等国对现有人口的教育投资均高于1970年的法国、德国和西班牙。

伊斯特林预测的是大约几十年后的情况。在他1981年发表演讲后的20年，发展中国家一直在改善国民的健康状况和受教育的机会，但非洲和拉丁美洲的经济增长速度在下降，大大落后于西方国家。教育和经济表现的跨国家间的联系非常脆弱。对此，哈佛大学经济学家兰特·普里切特（Lant Pritchett）在一篇被广为引用的论文中问道："教育都去了哪里？"

但我们看到，在20世纪末期，正如伊斯特林所预计，发展中国家的增长率的确有所提升。而这种增长似乎确实与国家制度和公共服务的改善有关。因为时至今日，即便是曾经没有被西方国家殖民也能够提供政府服务了；在撒哈拉以南的非洲，小学适龄儿童的入学率也达到了3/4以上；但这种服务不仅包括教育，同时还包括医疗服务；例如，即便在人均GDP少于1 000美元的低收入国家，也有4/5的儿童有机会接种麻疹疫苗。这就是为什么英国的前殖民地加纳目前的人均寿命要比1850年的大英帝国高出23年的原因之一。不仅如此，甚至基本民权也得到了普及。乔治·梅森大学对民主程度的长期测量表明，今天全世界的民主状况是史上最好的。

当然，发展中国家在提供有利于经济发展的服务方面依然还有提升的空间。以教育为例：世界上绝大多数的儿童都有机会接受小学教育。然而，在他们毕业时，所学到的知识并不比入学时多多少。在完成小学教育的非洲儿童中，超过1/3的儿童毕业时仍然不具备基本的文字和计算能力。在医疗服务方面，针对印度进行的调查显示，在一次就医过程中，公立医院的医生向病人提问的次数平均只有一次，大多都是："你哪里不舒服？"再来看法治方面，透明国际组织在撒哈拉以南的非洲开展的调查显示，近一半的民众在过去12个月里曾有过向政府官员行贿的行为，这不得不让人感到担忧。

但事实仍然未变：发展中国家在政府服务的质量和范围上取得的成绩，足以让20世纪以前大部分富裕国家震惊不已。那时的西方国家在他们的巨额财富积累进程上已走了很长一段时间。如果政府公共服务的质量确实是成就富裕国家的秘诀，那么即使是世界上最贫穷国家的人民也一定会参与到未来几十年的发展中来。

正因如此，即便是"历史宿命论"的强烈支持者也开始对全球趋同持越来越乐观的态度。举例来说，美国国民经济调查局的恩里科·斯波劳雷（Enrico Spolaore）和罗曼·瓦奇亚克（Romain Wacziarg）认为，测量两个种群间是否拥有共同祖先的"遗传距离"很好地预测了今天的经济产出。两个种群间的遗传距离越小，他们所取得的现代化成果就越相近。斯波劳雷和瓦奇亚克认为，之所以会出现这种现象，是因为基因相近的种族拥有相似的文化价值观，而这又与其体制对外来新技术和新方法的接纳程度有关。斯波劳雷和瓦奇亚克同时还指出，文化已经不再是发展的障碍。他们认为，基因近似度对今天的收入差距的影响程度大约只有1870年的一半，仅占导致跨国收入差距的因素的1/3。在不远的将来，由于思想观念的全球化、规范准则的趋同以及教育普及等原因，这一比例还将继续下滑。

亚洲世纪到来是必然的吗？

仅凭历史因素不能解释发展中国家的增长放缓，但这也不意味着增长将会持续。的确，如果过去的历史能为我们带来某些启示的话，那就是在某些地方，增长是绝不可能持续的。20年前，在现任脸书（Facebook）首席运营官谢丽尔·桑德伯格（Sheryl Sandberg）的研究支持下，经济学家比尔·伊斯特利（Bill Easterly）、迈克尔·克雷默（Michael Kremer）、兰特·普里切特和拉里·萨莫斯（Larry Summers）撰写了一篇有关长期增长的驱动因素的论文。他们指出，上一个十年的强劲表现与下一个十年的快速增长机会不存在相关性。实际上，从

长期来看，各个国家增长率的相对速度几乎是互不相关的。正如共同基金一样，过去的业绩表现无法保证未来的成功。这篇题目为《好政策还是好运气？》的论文最后总结道：实际上，增长"奇迹"很大程度上取决于好运气。这一结论再次给经济增长的"历史宿命论"致命的一击。

该结论同时还表明，任何想要对未来的增长率进行预测的人，都要做好遭受奇耻大辱的准备。举例来说，企业战略家大前研一曾进行预测，要在日本、欧洲和美国之间建立一个文化、金融和政治的三位共同体。态度更加乐观的欧元支持者们甚至最近还预测了一个"欧洲的世纪"。时至今日，美国或许是大前研一的三位共同体中最稳定的一方。但坐在这样一张"三角凳"上，恐怕没有哪个全球性经济体系会觉得非常安稳。

在这样的重大警示下，非西方国家的经济命运面临着怎样的未来呢？以增长率连续30多年保持在略高于8%的中国为例，它还能成功地将这一成绩继续保持一二十年吗？令人担忧的地方还有不少。中国2011～2012年的增长开始放缓，预计2013年将会降至8%以下。增长放缓期间，贷款却在增加，这很可能是一个投资回报率下降的信号，究其原因，可能与中国许多城市的房地产泡沫有关。虽然还未有明确的相关报道，但这些都导致了人们对中国大型银行承担的坏账压力持续增加的担忧。更长期的担忧是，中国或将面临全面的银行业危机。

中国的许多官员以及非西方国家的经济学家建议，如果中国经济想要继续保持增长，就必须对金融行业进行整理。中国科学院的易红梅、张林秀及其同事们指出，很多中国儿童将被排除在未来经济增长之外，这将严重拖累中国的经济表现。在过去10年中，中国贫困农村地区只有不到一半的孩子可以进入高中学习。很多孩子面临身体虚弱的境况：在接受调查的那些贫困乡镇中，多达一半的儿童患有贫血，1/5的儿童受到蛔虫感染。

前国际货币基金组织经济顾问，现任印度央行行长的拉古拉姆·拉詹（Raghuram Rajan）此前曾指出，长期来看，中国必须从过分依赖大规模出口的增长模式向以国内商品和服务需求为基础的增长模式转变。而中国的储蓄率也会在当前占GDP近一半的基础上有所下降。人为操纵的低汇率也将被放弃，允许人民币自由浮动。国际货币基金组织副总干事朱民曾经断言，经济放缓对中国而言是有利的，这将为中国政府向新增长模式转型提供空间。

但是，哈佛大学经济学家达尼·罗德里克（Dani Rodrik）预计，如果中国将重估人民币汇率作为其经济转型举措的一部分，20%的货币升值可能会导致中国经济增长率近20%的下降。更广泛而言，是否有必要就维持经济增长率而制定全面的一揽子政策还未达成任何共识。如果以市场经济自由化为前提条件，中国显然还有很长的路要走。世界银行认为，在政府制定一种可供他国借鉴的新商业模式的可能性方面，中国在183个经济体中排名151位。但显而易见的是，中国过去20年里令人惊讶的经济表现并非是由自由市场、自由汇率和广泛私有化等传统方式驱动的，因此突然采取这一策略是否会是一个明智的策略还不得而知。

经济史学家、诺贝尔奖得主罗伯特·福格尔（Robert Fogel）则更为乐观，他认为到2030年以前，中国完全有可能持续保持8%的增长

率。尽管该国面临人口老龄化的困扰,但它依然有能力为更多的成年人提供工作机会。福格尔还认为,从长期来看,劳动力很有可能会向生产效率更高的部门流动,即从农业部门向生产和服务部门转移。仅这两个方面就能为中国的持续增长贡献 30% 的力量。同样,对中国未来的增长奇迹不看好或至少持中立看法的罗德里克依然认为,"不考虑政治、体制或地理等因素",发展中国家的制造业正在以每年 3% 的增长率与全球最高效的制造业公司接轨。这对中国来说是件好事,因为制造业在该国 GDP 中的占比接近 1/3。

此外,中国还有大量通过教育提高劳动生产率的机会。在 1990～2004 年,中国的大学入学率提高了 6 倍,但依旧远低于西方国家的水平,这说明中国在此方面还存在着赶超的空间。至少上海的学校还是非常不错的:该市在测试 15 岁学生的数学、科学和阅读能力的国际学生评估项目中,得分超过全世界所有参赛组。

早高等教育层面,中国有 8 所大学入选世界 500 所顶尖大学排行榜,虽然这份由上海大学编制的榜单或许具有一定的偏向性。福格尔认为,假如中国到 2025 普及了高中教育,且大学入学率达到西欧国家 20 世纪 80 年代的水平,这将为该国贡献 6% 以上的增长率。但考虑到当前毕业生很难找到工作的现状,这一预测过于乐观了。但不管怎么说,中国有能力实现上述目标,这一事实正是中国具备持续增长潜力的标志。

关于中国的增长会放缓还是持续的争论难分高下,但需要注意的是,即便是对中国长期增长潜力最悲观的预测,也超出了大多数国家最乐观的结果。2010 年,亚洲开发银行预计,中国在 2030 年以前将保持 5.5% 的年均增长率，如其在教育、科研和财产权等领域的状况持续改善，这一数字或可攀升至 6.6%。假如中国的收入增长率放缓至 5.5%，到 2030 年，按照购买力平价计算，其人均收入依然会维持在 33 000 美元左右，远高于 2010 年约 11 000 美元的水平，并与欧盟平均水平持平。按照这样的增长速度，2030 年中国的经济规模将是美国的两倍。因此，即便中国面临着经济放缓的局面，亚洲世纪的到来也是一个必然的结局。

类似的事情也在其他发展中国家发生着，它们同样面临着潜在的经济放缓，但这也是其保持乐观的理由。正如哈佛大学的达尼·罗德里克 (Dani Rodrik) 在其一篇颇具影响力的论文《融合的未来》(The Future of Convergence) 中指出，我们有很多理由认为过去 10 年所发生的事情只是一个例外，许多贫困国家不久将再次回到收入停滞的状态。他还指出，除非大多数发展中国家成功实现结构转型，让更多劳动力进入本国的制造业和服务业，它们的增长才有可能持续下去。

然而，让这些国家同时实现结构转型是很困难的，尤其大多数国家已签署世贸组织自由贸易条约，限制早期对本国出口产业进行补贴。举例来说，与依赖制造业出口的中国模式不同，近年来印度的增长靠的是国内需求和服务出口。目前为止，世界上还没有哪一个国家是依靠这种增长模式发家致富的。

然而，另外一些人对于开放贸易环境下的经济增长潜力持更加积极的态度。美国国民经济调查局的理查德·鲍德温 (Richard Baldwin) 认为，由于国际化生产链的普及，过去几十年来阻碍工业化进程的制约因素大大减少。国际化生产链是指一件产品，如苹果手机，由一国

负责设计，另一国负责零部件生产，第三国、第四国和第五国负责组装，同时还使用了其他地方出产的原材料。因此，要想成为一个制造大国，你无须在整个生产链中样样精通，而只需要负责生产过程中的某个环节就行。鲍德温指出，"当今世界上没有哪个国家能够生产制造飞机、汽车或电器所需的一切零部件"，但一件最终产品的价值链却可覆盖许多个国家。低廉的运输成本、优惠的关税以及新通讯技术带来的国际协作便利性使这一切成为了可能。

鲍德温认为，20世纪的贸易主要是指"将一国的工厂生产的商品出售给另一国的消费者"。而到了21世纪，贸易越来越表现为"人员、培训、投资和信息的双向流动，而这种双向流动过去通常发生在工厂或办公室之间"。中国的"加工出口"仅占其总出口量的不到20%，但此类出口却为中国制造业贸易增长做出了一半以上的贡献。当然，这种状况为美国和其他西方国家带来了巨大的好处。具体来说，这使得平板电脑（iPad）和笔记本电脑的售价更加便宜，美国在产品设计等方面的投入让其赚走了大部分利润。但这种"双向流动"也使其他发展中国家的企业更容易参与到出口贸易中来。

甚至非洲也依然能看到希望。随着非洲步入人口转型期，其年龄抚养比，即工作人口与需要抚养儿童及老人的比例将会急剧下降。虽然总体而言非洲的教育质量还很低，但基本普及的初等教育和相当程度的中、高等教育将使该地区的劳动人口获益匪浅。换句话说，非洲的教育水平比西方处于同等收入水平的时期要好得多。非洲大陆大部分国家实现了民主，社会逐渐趋于稳定，从身份认证的生物识别技术到合同公开等方面的改进也在慢慢提升国家治理的质量。非洲企业即将大规模地参与到国际生产链中来，从而确保其持续的快速增长。

不论出于何种原因，贫穷国家最终开始按照经济增长理论认为的那样陷入缓慢发展，发达经济体的经济增长率也不可能出现起色。我们没有什么特别的理由认为它们如今应该突然开始加速增长。因此，不论谁执掌美国国会和政府行政部门，美国的经济增长率都不可能达到8%的水平。此外，即使欧元区各国最终就成立货币联盟达成一项永久的解决方案，欧洲也不会出现加速增长的情况。目前欧洲的长期增长率在2.5%左右，未来很可能持续维持在这一水平。而发展中国家的增长率预计将达到欧洲的两倍或更高。

现在我们假定这种全球趋同还在持续，即便速度没有以前那么快了，这对未来意味着什么？这种趋同又会将世界带往何处？只要中国继续保持合理的增长速度，美国和欧盟很快就会黯然失色。印度将是中国之后扮演这一角色的第二个国家。这两个国家的崛起意味着历史即将重现。几千年来，土地和人口是衡量一个国家成功的标志。让我们回想一下《圣经》中的内容："以色列人生养众多，并且繁茂，极其强盛，满了那地。"**随着收入的趋同，作为经济实力的最终决定因素，人口将起到决定性的作用。**

联合国预计，2030年全球人口将达到83亿左右。到那时，印度将成为全球人口最多的国家，中国紧随其后。这两个国家的人口之和相当于全球人口的1/3。仅印度一国的人口，就达到当前欧盟国家总人口的3倍和美国人口的4倍以上。

尽管亚洲和非洲的人口结构比欧美更为年轻，但悬殊的数字并不是这些国家占据未来主导地位的唯一原因。据联合国预测，到2030

年，北美地区和欧洲 30 岁以下人口占比分别为 35% 和 29%。而亚洲、拉丁美洲和非洲的情况则分别达到 42%、42% 和 62%。联合国的人口预测显示，2009～2050 年，发展中国家的劳动力将增加 15 亿人。对比来看，随着发达国家劳动适龄人口对总人口的占比从 63% 缩减至 52%，其劳动人口将会减少 1 亿人。

发展中国家不断趋同的生产力和不断增长的劳动人口将让世界回归到由非西方国家主导全球经济的状态。阿尔温德·萨伯拉曼尼安（Arvind Subramanian）认为，1500 年的巴西、印度、印度尼西亚和中国的人口占世界总人口的 51%，其产出占世界总产出的 52%。到 1960 年，虽然上述四国的总人口占世界总人口比例依然还有 42% 之多，但总产值却仅占全球 GDP 的 12%。到 2030 年，世界格局将更加趋于平等，人口数量占世界总人口 42% 的前三个国家，其国内生产总值占全球 GDP 的比重也将为 40%。

萨伯拉曼尼安预计，2030 年的世界将出现四个主要经济大国。其中中国是最重量级的选手，按购买力平价计算，其经济占全球 GDP 的比重将达到 24% 左右。随后依次为印度、欧盟和美国，上述各国经济的全球产出占比均在 10%～20% 之间。巴西、印度尼西亚和日本对全球 GDP 的贡献都在略高于 3% 的水平。

萨伯拉曼尼安不是唯一持上述观点的人。卡内基国际和平基金会的尤里·达杜什（Uri Dadush）认为，到 2050 年，巴西、中国、印度尼西亚、印度、墨西哥和俄罗斯经济总量将达到 80 万亿美元，高于由美国、英国、法国、德国、意大利、加拿大和日本组成的七国集团的经济总量，同时相当于 2009 年全球经济总量的两倍多。同时，据普华永道会计师事务所预测，即便按最保守的长期增长率，印度到 2050 年的经济也将接近美国的水平，而那时巴西经济将超过日本，印度尼西亚和墨西哥的 GDP 规模将超过德国或英国。除此之外，土耳其的经济规模可能也将与意大利相当。

但所有这些预测都表明，包括西方国家和非西方国家在内，未来每个国家都将变得更为富有。举例来说，普华永道的评估表明，2050 年美国的人均收入将达到 93 000 美元左右，而这一数字在 2007 年为 44 000 美元。德国和英国的人均收入均将超过 70 000 美元。平均来看，2050 年的墨西哥公民将比今天的美国公民更加富裕。到那时，中国的人均收入也将超过今天的德国，达到 35 000 美元。

因此，我们有充分的理由认为，发展中国家的增长速度还将继续超过西方国家的增长速度，即便这种速度不像过去 10 年那么惊人。保守的预测也显示，未来世界经济的主导不再是大西洋沿岸国家，"太平洋世纪"的格局将被牢牢地确立。保守预测还表明，大西洋沿岸国家同样也会变得更加富有。虽然世界的中心转移了，但所有国家都会变得比以前更好。

因此，非西方国家的相对崛起很可能还将持续下去，其崛起的原因并非西方国家犯下了愚蠢的错误，但这并不能证明华盛顿和华尔街就像新生的羔羊一样无辜。银行家的集体失职加上从抵押贷款的赌博游戏中赚钱的贪婪本性，以及监管者和政客不顾一切地为这种不负责任的豪赌提供支持，这些无疑都是促成 2007～2008 年全球金融危机的原因。但长期来看，纽约和华盛顿的错误行为也不足以解释全球经济所发生的事情。坦白地说，这对美国以外的国家来说是一种解脱。

很显然，美国这种向一些人送钱，又向另一些人送选票的做法是很愚蠢的。

话虽如此，将美国的衰退归咎于政府决策失误的证据也很多；比如儿童健康、教育和社会歧视。同样，欧洲生活质量的日益下降也表现在许多方面。然而，对于美国和欧洲而言，还是存在利用非西方国家的崛起来扭转这种颓势的空间，这也是后面一章要讨论的话题。好消息是，对于更广义的生活质量来说，绝对经济规模是无关紧要的，**最大的绝不等于最好的。**

注　释

1. Robert Kagan, "Not Fade Away: Against the Myth of American Decline," *The New Republic*, January 17, 2012.

2. Pew Research, Global Attitudes Project, "Global Indicators Database," available at: http://www.pewglobal.org/database/?indicator=17.

3. Thomas L. Friedman and Michael Mandelbaum, *That Used to Be Us: How America Fell Behind in the World It Invented, and How We Can Come Back* (New York: Farrar, Straus & Giroux, 2011).

4. Niall Ferguson, "Why Barack Obama Needs to Go," *Newsweek*, August 19, 2012.

5. Lant Pritchett, "Divergence, Big Time," *Journal of Economic Perspectives* 11, no.3 (Summer 1997): 3–17.

6. Shaohua Chen and Martin Ravallion, "The Developing World Is Poorer Than We Thought, but No Less Successful in the Fight Against Poverty," *Quarterly Journal of Economics 125*, no.4 (2010): 1577–1625.

7. The World Bank, World Development Indicators, available at: http://data.worldbank.org/indicator.

8. Ibid.

9. US Department of Commerce, Bureau of Economic Analysis, "Interactive Data: GDP and Personal Income Mapping," available at: http://www.bea.gov/iTable/iTable.cfm?ReqID=99&step=1#reqid=99&step=1&isuri=1.

10. The World Bank, World Development Indicators, available at: http://data.worldbank.org/indicator.

11. Laurence Chandy and Geoffrey Gertz, "Poverty in Numbers: The Changing State of Global Poverty from 2005 to 2015," Global Views Paper (Washington, DC: Brookings Institution, January 26, 2011).

12. Orley C. Ashenfelter, "Comparing Real Wages," Working Paper 18006 (Cambridge, MA: National Bureau of Economic Research, 2012).

13. Michael Clemens, "The Roots of Global Wage Gaps: Evidence from Randomized Processing of US Visas," Working Paper 212 (Washington, DC: Center for Global Development, June 4, 2012).

14. Daron Acemoglu, Simon Johnson, and James A. Robinson, "The Colonial Origins of Comparative Development: An Empirical Investigation," Working Paper 7771 (Cambridge, MA: National Bureau of Economic Research, June 22, 2000).

15. William Easterly, Diego Comin, and Erick Gong, "Was the Wealth of Nations Determined in 1000 BC?" Brookings Global Economy and Development Working Paper 10 (Washington, DC: Brookings Institution, September 2007).

16. Richard A. Easterlin, "Why Isn't the Whole World Developed?" *Journal of Economic History* 41, no.1 (1981): 1–19.

17. Ibid., p.15.

18. UNICEF, "Young Child Survival and Development," available at: http://www.unicef.org/childsurvival/index.html.

19. Fred Pearce, "The Shock of the Old: Welcome to the Elderly Age," *New Scientist*, April 8, 2010.

20. Barro-Lee, "Educational Attainment Dataset," available at: http://www.barrolee.com/.

21. Lant Pritchett, "Where Has All the Education Gone?" *World Bank Economic Review* 15, no.3 (2001): 367–91.

22. The World Bank, World Development Indicators, available at: http://data.worldbank.org/indicator.

23. George Mason University, "Polity IV Project: Political Regime Characteristics and Transitions, 1800–2012," available at: http://www.systemicpeace.org/polity/polity4.htm.

24. Justin W. van Fleet, Kevin Watkins, and Lauren Greubel, "*Africa Learning Barometer*" (Washington, DC: Brookings Institution, September 17, 2012), available at: http://www.brookings.edu/research/interactives/africa-learning-barometer.

25. Jishnu Das, Jeffrey Hammer, and Kenneth Leonard, "The Quality of Medical

Advice in Low-Income Countries," *Journal of Economic Perspectives 22,* no.2 (2008): 93–114.

26.Transparency International survey data, available at: http://www.transparency.org/gcb2013.

27.Enrico Spolaore and Romain Wacziarg, "How Deep Are the Roots of Economic Development?" Working Paper 18130 (Cambridge, MA: National Bureau of Economic Research, 2012).

28.William Easterly, Michael Kremer, Lant Pritchett, and Lawrence H.Summers,"Good Policy or Good Luck?" *Journal of Monetary Economics* 32, no.3 (1993): 459–83.

29.Kenichi Ohmae, *Triad Power: The Coming Shape of Global Competition* (New York: Free Press, 2002).

30.Hongmei Yi, Linxui Zhang, Kim Singer, Scott Rozelle, and Scott Atlas, "Good News, Bad News: Results from a National Representative Panel Survey on China's NCMS," Paper 50104, presented at the 2009 conference of the International Association of Agricultural Economists, Beijing, China, August 16–22, 2009.

31.Eswar Prasad and Raghuram G.Rajan, "China's Key to Sustainable Growth," available at: http://faculty.chicagobooth.edu/raghuram.rajan/research/papers/china%20growth.pdf.

32.Dani Rodrik, "The Future of Economic Convergence," Working Paper 17400 (Cambridge, MA: National Bureau of Economic Research, 2011).

33.International Finance Corporation and The World Bank, "Ease of Doing Business in China," available at: http://www.doingbusiness.org/data/exploreeconomies/china/.

34.Robert W.Fogel, "Why China Is Likely to Achieve Its Growth Objectives," Working Paper 12122 (Cambridge, MA: National Bureau of Economic Research, 2006).

35.Rodrik, "The Future of Economic Convergence," p.26.

36.Academic Ranking of World Universities, available at:http://www.arwu.org.

37.Fogel, "Why China Is Likely to Achieve Its Growth Objectives."

38.Subramanian, *Eclipse*.

39.Rodrik, "The Future of Economic Convergence."

40. Richard Baldwin, "Trade and Industrialization After Globalization's Second Unbundling: How Building and Joining a Supply ChainAre Different and Why It Matters," Working Paper 17716 (Cambridge, MA: National Bureau of Economic Research, 2011).

41. Ibid., p.12.

42. United Nations, Department of Economic and Social Affairs, Population Division, "World Population Prospects, the 2012 Revision," available at:http://esa.un.org/unpd/wpp/unpp/panel_population.htm.

43. Subramanian, *Eclipse*.

44. Ibid.

45. Uri Dadush and Bennett Stancil, "The World Order in 2050" (Washington, DC: Carnegie Endowment for International Peace, April 2010).

46. John Hawksworth, "The World in 2050: How Big Will the Major Emerging Market Economies Get and How Can the OECD Compete?" PricewaterhouseCoopers (March 2006), available at: http://www.pwc.com/gx/en/world-2050/pdf/world2050emergingeconomies.pdf.

47. Ibid.

第 3 章
中国世纪,美国为何仍有优势?
最大并不意味着最好

过去两个世纪以来,全球大国的本质发生了巨大的变化。地理优势已经不再是评判大国地位的标准,实物商品和土地的评判标准也早已过时。时至今日,金融、科技和服务才是评判全球大国的尺度。对国民生活质量不闻不问,只将总产值作为衡量国家地位的指标是 20 世纪的典型做法。成为世界最大经济体并不那么重要。

 欧洲很早就向美国证明,在某方面领先并不能保证在所有领域都领先,因此没必要担心中国近期内会在生活质量上超越西方。即使这一天真的到来了,那也是因为中国在发展,而不是欧洲在衰落。

"衰落论者"和"持续论者"对美国的未来争论得越来越激烈。《外交政策》(*Foreign Policy*)杂志的编辑吉迪恩·拉赫曼(Gideon Rachman)认为:"美国衰落,这次是真的。"《国际安全》(*International Security*)期刊的迈克尔·贝克利(Michael Beckley)为其报告取名为《中国的世纪,美国为什么仍然有优势?》。罗伯特·帕佩(Robert Pape)在《国家利益》(*National Interest*)上撰文警告说"帝国在衰落",而就在此前一年,《美国利益》还刊载了爱德华·卢特瓦克(Edward Luttwak)的《衰落论者这次又错了》的文章。这种争论的名单还可以一直列下去。

争论之所以僵持不下,在某种程度上要归因于作者,或至少是为这些文章拟定标题的编辑们对彼此争论观点的视而不见。正如有人指出,美国的相对经济衰退,既不能表示美国在各方面出现了绝对衰退,也不能表示美国在从文化影响力、生活质量到无人机的全球覆盖等领域丧失了领导地位。

然而，比起绝对收入水平或生活质量，大部分美国人更关注本国的相对经济衰退。2012年芝加哥全球事务委员会的一份调查显示，40%的美国人将中国经济增长与美国看齐视为"负面因素"，而将此视为"积极因素"的仅占9%。舆观调查网[①]近日的一份民意调查显示，相比美国经济规模倍增，但中国超越美国成为世界第一大经济体的情况，60%的美国人更愿意看到的是美国的收入仅增长10%，但经济规模依旧大于中国。

对国民生活质量不闻不问，只将国内生产总值（GDP）作为衡量国家地位的指标是20世纪的典型做法。成为世界最大经济体并不那么重要。当然，控制全球储备货币和拥有一支可抵御任何入侵的强大军队另当别论。但当我们谈到社会不公、犯罪、健康和教育等衡量指标时，上述优势都无法阻止美国跌落至平庸富国的行列。成为最大经济体与拥有更快的增长速度或更高的生活质量之间并没有太多相关性。另外，尽管中国从某些方面来看已是世界第一大经济体，但这个"中央王国"的人均生活质量还远不及美国。同样重要的是，作为经济强国的中国对全球经济体制和美国的国家安全构不成任何重大威胁。

加速增长的富国存在吗？

仅用产出来衡量中国日益加强的全球主导地位已经远远不够。虽然在不久前的2000年，美国和欧盟在全球贸易中所占份额还是中国

---

① YouGov，于2000年在英国伦敦成立，至今已被公认为是网上市场调查领域的先驱。

的4倍，但到了2010年，两者之间的差距就已经缩小到1%以内，而2012年中国已处于领先地位。此外，2000年中国的资本输出净值仅占全球4%，但到了2010年这一数字攀升到18%。同时美国目前的资本输入净值占全球一半以上，成为世界上最大的债务国。

阿尔温德·萨伯拉曼尼安的预测是，到2030年，中国的GDP很有可能达到世界GDP总量的1/3，而美国则是12%。中国贸易将占世界贸易的15%～20%，而美国和欧盟则分别仅占7%。中国在世界GDP总量和贸易总额中的份额将达到美国1950年的水平，其资本输出净值所占份额也将与1973年的美国看齐。

持悲观看法的人士警告说，美国在产出、贸易和金融领域的榜首位置旁落他国，或许会对美国经济带来许多不利影响。首先，全球大多数国家的央行，如英格兰银行、欧洲央行、中国人民银行等都在其电子账户中存有大量美元储备。美元是各国之间贸易的首选货币，除此以外，石油等商品也是以美元标价。然而，自20世纪70年代中期以来，美元在全球储备货币中所占份额已经从约80%降至40%以下，取代美国的主要是欧元和人民币。美国有线电视新闻网财经频道近日制作了一期基金经理的专题节目，他们认为"美国面临的首要安全问题就是保住美元作为世界储备货币的地位"。他们警告说，如果美元失去了储备货币的地位，"也就丧失了通过印钞偿还债务的权力，那时美国将不得不偿还这些债务"。

人民币很有可能取代美元成为世界储备货币。到那时，各国央行和贸易公司将使用人民币来支付国际债务。此外，真正令人担忧的是，随着中国对世界贸易的控制能力日益增强，再加上人民币储备货币地位的确立，这个新晋的世界强国会开始到处施加其影响力。毕竟美国现在就是这样做的，充分利用其经济的主导地位对其他国家颐指气使，比如通过延缓美元兑换黄金以及1971年开征10%的进口附加税敦促伙伴国调整本国汇率。美国的这些做法违反了多项国际承诺。

但是，过去一个世纪以来，即便美国拥有着大国和富国的地位，同时还控制着全球储备货币，其经济表现也并未因此大占便宜。未来的中国也将是这种情况。实际情况是，在1890年，美国超越中国成为世界第一大经济体；至2008年中国即将重登榜首期间，中国的年人均收入增长率高出美国约0.25%。据我们掌握的数据显示，在这118年中，美国的增长表现在37个国家中排名第15位，落后于丹麦、加拿大、瑞典甚至希腊等国。一些小国的表现都比美国要好。卢森堡的GDP规模仅相当于美国的0.4%，产值与特拉华州不相上下；尽管其国内生产总值规模很小，其人均富裕程度却是美国的2倍。在其他条件不变的情况下，成为富国的结果通常是增长放缓。世界上确实不存在富国还在加速增长的例子。

如果美元真的失去了储备货币地位，美国向国外借债时将不得不付出更多的利息，同时还会在购买外国商品时面临汇率成本问题。国外公司已经开始采取措施对冲这种汇率风险，从而设法保住自身的竞争优势。尽管美元地位处于下滑状态，但近期证据表明，我们无须对炒家拉高美国借债成本过于担心。实际上，一个多世纪以来，2013年美国的国债利率达到了一个多世纪以来的最低点。

如果人民币成为了全球储备货币，则中国必须建立一个深入、开放和具有充分流动性的金融市场。在中国当前的金融市场中，货币无法自由地在中国境内流进流出，其规模和复杂程度也无法与华尔街相提并论。有迹象表明，中国政府正在着手应对这些挑战，特别是已经开始允许在贸易活动中使用人民币进行结算。沿着这一改革方向，我们还将看到包括人民币贬值在内的进一步措施陆续出台。这些措施将提升非西方国家商品的出口竞争力，同时为少数几个正在勒紧裤腰带过日子的西方富国带来难得的投资机会。

国际贸易体系似乎经受住了关税壁垒卷土重来的威胁。上一轮全球化进程因关税壁垒的威胁而注定失败，并以大萧条的到来而告终。中国将在这个时代成为占据主导地位的经济强国。新的世界贸易协定并未建立，各国遵循的依旧是现有的贸易协议，并在世贸组织指出其不当行为时做出回应。中国便是其中之一：2012年，在美国和其他国家向世贸组织提起诉讼后，世贸组织裁定中国必须降低包括矾土和锌在内的大批原材料的出口关税。中国还将成为全球最大的贸易国，并继续从这种"后发"增长中获益，这涉及利用发达国家开发的工具和流程，并在一定程度开放全球金融和技术的条件下响应需求。

事实上，早在英国和美国成为超级大国之时，中国就已经是一个全球一体化的经济体了。1870年，出口仅占英国产值的12%。而在1975年，出口在美国经济中的比例只有7%。2008年，出口占到中国经济产出的35%。根据经济学家理查德·鲍德温的预测，中国自有的加工出口所占比例还不到20%。

也就是说，在中国出口的最终产品中，4/5的零配件都来自国外。这表明中国的全球一体化程度要远远高于过去的水平。

2008年，中国50%的出口产品是外国控股企业生产的，这进一步证明了中国的一体化程度。更不用说中国在海外的投资了。中国的外汇储备已超过 3 万亿美元，其中大多数都是美国和欧洲的国债。

这一切均表明，出于自身利益考虑，中国将继续保留其在世界贸易组织和国际货币基金组织公平交易成员国的身份。作为世贸组织仲裁的贸易争端的积极参与者，2009 年，针对贸易争端提出的仲裁中，一半的案件都与中国有关。世贸组织自身的表现也证明了它是一个控制超级大国恃强凌弱本能的强大机制。美国曾 88 次成为世贸组织争端的起诉对象，33 次被确认存在违规行为，并在 26 宗案例中被判定需遵从法规要求。

评判大国地位的新尺度

但是，我们应该如何看待以下担忧呢？即发展中国家可能利用经济上的主导地位扩大其在军事上的影响力。正如中美两国历史所证明，民主与温和的对外立场之间并不存在明显的相关性。1979 年短暂的中越战争是中国最近爆发的一次国际武装冲突，战争结束时，两国的国界并未发生变化。相比较美国在一战爆发前的各种军事介入活动，我们很难得出结论说年轻的民主大国一定会表现出和平姿态。在 1918 年前的 20 年里，美国先后占领了古巴、菲律宾、海地、尼加拉瓜、多米尼加共和国、巴拿马运河区和波多黎各。美国还曾发兵墨西哥、西欧和俄罗斯。实际上，仅在过去 30 多年里，作为民主国家的美国就为许多不受欢迎的组织提供过军事和现金援助。这里仅举两个例子，比如阿富汗的塔利班组织和伊拉克的萨达姆·侯赛因政权。在与上述两国

交战前,美国都曾为其提供过军事援助。

因此,我们期待中国的全球军事政策是相对温和的,而且这种温和不仅依赖于中国国内民主程度的发展,即便民主早已经深深扎根于中国。幸运的是,与包括美国在内的老牌超级大国相比,中国身受国际制度羁绊的程度更深,更何况在当今世界中,军事主导地位的意义已大有不同。

过去两个世纪以来,全球大国的本质发生了巨大的变化。地理优势已经不再是评判大国地位的标准,实物商品和土地的评判标准也早已过时。时至今日,金融、科技和服务才是评判全球大国的尺度。举例来说,美国为何领先英国?因为要占据世界经济的主要地位,美国只需打入各国市场就行了,而不是建立一个类似大不列颠那样的全球帝国。在这个更加和平的全新时代,中国要想保住领先地位,并不需要具备美国过去 50 年来的军事实力;而这在很大程度上,要归功于美国过去 60 年所建立的全球经济和政治制度。

同时,对全球大国而言,从地理上占领他国的重要性日益下降,打赢战争变得越来越困难。一个世纪以前,英国的海军"两强标准"(英国的海军实力必须相当于规模次之的第二、第三强国的海军实力之和)正是其能够成功控制世界 1/4 陆地面积的重要原因。就在大约 70 年前,世界最强大的联盟开始与两大经济强国展开较量,并在 6 年内将其击溃。但在二战结束后,几个国家联合起来侵略和占领另一个国家,再以盟友的身份一走了之的时代一去不返了。

虽然上述情况曾在越南侵略柬埔寨以及坦桑尼亚介入乌干达期间发生,但这毕竟极其罕见。

经济规模等于生活质量吗？

除了全球经济和军事领导力之外，生活中还有很多更重要的东西，只是庞大的规模和富裕的程度并没有让美国在更广泛的生活质量上领先于世界。

美国排行榜网站（Ranking America）是一个庞大的信息宝库，该网站搜集了有关美国在全球各项排名中的统计数据。我们看到，无论以哪种方式来衡量，美国的国内生产总值规模和军费开支都位列全球第一。同时，美国的乳清产量占据全球产量的一半以上。从化学的角度来看，这意味着美国的凝乳产量也位居全球先列，但大部分凝乳可能都被白白扔掉了。与此同时，美国2010年的莴苣出口量落后于西班牙，排名全球第二。美国的羊只数量大概有550万头，仅排名全球第46位。此外，根据国际透明组织的统计，美国在清廉指数方面的排名仅名列第24位。在男女工资平等方面，美国的排名是56位。在经济合作和发展组织（OECD）主要成员国中，美国的贫困儿童比例排名第二，而在婴儿存活率方面的世界排名仅名列第47位。周岁前死亡的美国儿童比例约为1∶6000，这一数据高出摩纳哥3倍。在所有经济合作和发展组织成员国中，美国人从家中往返工作地的平均通勤时间长度排名第5。地球研究所的数据还显示，美国人的幸福指数排名仅为第11名，加拿大排名第5，位居榜首的是北欧国家和荷兰。

经济合作和发展组织的统计显示，在由澳大利亚、奥地利、加拿大、丹麦、芬兰、法国、德国、荷兰、挪威、新加坡、瑞典、瑞士、英国和美国组成的富裕国家阵营中，美国的人均寿命排名也是垫底的，同

时美国还是唯一一个未推行全民医保的国家。美国公民对进化论等基本科学真理的相信程度的排名也十分靠后。与上述国家比较，美国学生参加数学国家测试的得分也是最低的。

因此，如果让你来决定出生的国家，你会怎么选呢？如果你确实不希望在没长大以前就一命呜呼，又或者希望能有机会坐在超级游艇上打发时间的话，或许你会选择摩纳哥。如果你关心的是高收入水平下的机会公平、良好的公共医疗、强大的教育体系、低调的君主政体和毗邻峡湾的地理优势，或许你会选择挪威或瑞士。当然，如果你是酥酪的狂热爱好者，如果你在乎的是在一个地域辽阔、风景迷人并拥有全世界最强军事实力的国家中享受到全方位的较高生活品质的话，你或许也会选择出生在美国。哪个国家才是理想之选？答案有很多。在某些指标上，美国可能是最理想的出生国，但是换一些指标来衡量，答案可能就是其他国家了。**军事领先和经济超群绝不代表着能在其他领域同样出色。**

好的方面是，尽管有人担心美国会在总产值上输给中国，但在包括幸福度在内的几乎所有生活品质指标上，美国仍遥遥领先于中国。中国的幸福度排名位居全球第70位，美国人的人均寿命比中国人多5年，5岁以下儿童的死亡率不到中国的一半。此外，说到对美国经济的治理，尽管你可能对美国国会和总统的能力并不看好，甚至认为他们是无能的，但决定其去留的毕竟还是美国的选民。

即使中美两国有着相同的国内生产总值，中国的人均国内生产总值也将远低于美国。根据世界银行的统计数据，中国人的人均收入只能买到美国人均商品和服务的16%。即便对中国增长的最乐观预测也认为，中国要赶上与美国的收入差距还需要花费数十年的时间。

同样的情况也适用于欧洲。这些国家很早就明白，在某方面领先并不能保证在所有事情上都领先，因此没必要担心中国近期内会在生活质量上超越西方。即使这一天真的到来了，那也是因为中国在发展，而不是欧洲在衰落。

中国经济越强，西方机遇越多

如果你还在为中国的崛起而担忧，可以将它与最近一个危险的超级大国苏联做个比较。在世界革命发生之前，苏联领导人长期奉行"一国之内的社会主义"。在这一体制下，苏联与全球经济的一体化程度远不如今天的中国。今天，中国奉行中国特色的社会主义，而且也没有要挑起全球性革命的兴趣。将中国视为苏联的后继者和美国的劲敌，在军事、外交和经济方面对其实施强大的大规模遏制政策，只会产生事与愿违的后果，犯下代价高昂的错误。

西方国家应加强与中国的接触，尽力深化与中国在全球贸易和金融体制方面的联系，确保中国在全球和平与繁荣方面继续发挥积极作用。**中国越认同其在全球一体化中的经济大国身份，对其他国家，尤其是美国的国家安全和经济机遇就越有利。**对于那些担忧中国必然会崛起的美国人而言，不妨听听美国现实主义思想家迈克尔·科里昂（Michael Corleone）在《教父》（The Godfather）一书中对中国军事家孙武的"知己知彼，百战不殆"的重新解读：与你的朋友亲密，与你的敌人更亲密。

国内方面，我们不应纠缠于那些与美国全球经济实力无关的事务；我们要做的是谨记开国先贤的智慧，专注于保存并延伸美国人的生命、自由和对幸福的追求。如果说美国失去国内生产总值领导地位并不会影响到美国人的生活质量和安全是一个好消息，那么更好的消息就是，一个更加富裕、健康和幸福的世界将有助于更加全面地改善美国人的生活。

既然人类依靠自身的力量消灭了天花、牛瘟和小儿麻痹症，美国人也一定可以保护自己永远免受他国的威胁。既然发展和全球一体化会降低战争的威胁，那么对于强大军事力量的需求也会下降。随着其他经济体的不断成长，美国与它们开展贸易、投资和就业的合作机会也会持续增加。这就是我们在下一章节将要讨论的话题。

注 释

1.Rachman, "American Decline: This Time It's for Real"; Michael Beckley, "China's Century? Why America's Edge Will Endure," *International Security* 36, no.3 (Winter 2011–2012): 41–78; Robert A. Pape, "Empire Falls," *National Interest* (January–February 2009); Edward Luttwak, "The Declinists, Wrong Again: The Atlantic Future of the 21st Century," *American Interest* (November–December 2008).

2.YouGov survey administered April 26 to May 2, 2012, results available at: http://www.dartmouth.edu/~benv/files/poll%20responses%20by%20party%20ID.pdf.

3.Subramanian, *Eclipse*.

4.Groningen Growth and Development Centre, Angus Maddison data, available at: http://www.ggdc.net/MADDISON/oriindex.htm.

5.Baldwin, "Trade and Industrialization After Globalization's Second Unbundling."

6.Beckley, "China's Century?"

7."When Partners Attack," *The Economist*, February 11, 2010.

8.Colum Lynch, "China's Arms Exports Flooding Sub-Saharan Africa," *Washington Post*, August 25, 2012.

9.Kagan, "Not Fade Away: Against the Myth of American Decline."

10.Groningen Growth and Development Centre, Angus Maddison data, available at: http://www.ggdc.net/MADDISON/oriindex.htm.

11.Joseph S.Nye Jr., "The Future of American Power: Dominance and Decline in Perspective," *Foreign Affairs* 89, no.2 (November–December 2010): 2–12.

12.Carla A.Hills, Dennis Blair, and Frank Sampson Jannuzi, "USChina Relations: An Affirmative Agenda, a Responsible Course," *Council on Foreign Relations* 14 (2007).

13.SIPRI military expenditure data available at: http://portal.sipri.org/publications/.

14.Beckley, "China's Century?"

15.Andrew Nathan and Andrew Scobell, "How China Sees America," *Foreign Affairs* (September–October 2012).

16. See the Ranking America website at: http://rankingamerica.wordpress.com/.

17. David Carey, Bradley Herring, and Patrick Lenain, "Health Care Reform in the United States," Economics Department Working Paper 665 (Paris:OECD, February 2009).

18. OECD, "Figure 1: Comparing Countries' and Economies' Performance," in PISA 2009 database, available at: http://www.oecd.org/dataoecd/54/12/46643496.pdf.

19. The World Bank, World Development Indicators, available at: http://data.worldbank.org/indicator.

20. C. Cindy Fan and Mingjie Sun, "Regional Inequality in China, 1978–2006," *Eurasian Geography and Economics* 49, no.1 (2008): 1–18.

The UPSIDE OF DOWN

第 4 章
日益增强的全球经济纽带
未来比预期的要光明得多

在过去的几十年里,全球范围内生活质量的改善是一种非常普遍的现象,且这种改善还带来了各种溢出效应。西方国家应该鼓励新兴经济体的发展,亚非拉国家变得更加富裕、健康,教育水平更高且更加国际化是符合欧美国家的自身利益的。日渐改变的标准和价值观也在告诉我们,地球正在进入一个更加健康、和平和更加全球化的时代。

 来自发展中国家的进口商品价格更低,也提供了更多的选择,为美国人尤其是贫困者带来了巨大好处。同时也使美国企业能以更低成本生产更多商品,使得经济的运行更加高效,继而提升整体就业率。

    2012年1月,贝拉克·奥巴马总统走上讲台,发表他在首个任期内的最后一次国情咨文。在当时,美国经济复苏前景不容乐观,失业率依旧高于8%。奥巴马不得不在大选到来前向美国民众兜售他的经济政策。"让我们牢牢记住美国是如何走到这一步的,"他说道,"在经济衰退爆发前,就业机会和制造业早已开始弃美国而去。"好消息是什么呢?"现在,在中国等地开展业务的成本越来越高。与此同时,美国的生产效率也越来越高。"

    由此可见,奥巴马向商业领袖们传达的信息非常简单:"问问你们自己,为了让就业机会回流美国,你们能够做些什么。"他还讲述了一位来自北卡罗来纳州的单身母亲杰基·布瑞的故事。下岗前的杰基是一名机械工人。当时西门子公司在夏洛特市开了一家燃气轮机工厂。这家公司为杰基提供充足资金,让她参加激光和机器人技术培训,之后还雇佣她到工厂工作。奥巴马说,政府在这类项目中也要发挥自身的作用,特别是要制定保护工人的贸易政策。

他还说道:"由于我们对中国的轮胎倾销进行了制裁,因此为1 000多名美国人创造了就业机会。"

这次的国情咨文固然存在很多不当表述,特别是它暗示中国制造业增加一个岗位就意味着美国会失去一个同样的岗位,以及类似轮胎领域的贸易战争可以保护美国的工作机会等观点。总统先生还罔顾了一个事实:在中国做生意的成本越来越高,是因为工资水平上涨了;而这要得益于中国出口导向型的经济增长方式。

但有趣的是,西门子是一家德国公司。大概总统先生对其他国家的公司投资美国的制造行业十分赞许。德国在制造业工人再培训和维持就业方面比美国做得好得多。在夏洛特市,在华盛顿忙于确保美国人不会因为适得其反的贸易争端而失业的同时,西门子公司却在为失业人员的培训埋单,以确保他们不会失去工作。这类政策是已经获得德国政府支持了的。

总统的这番言论在那些被国际关系课程弄得伤痕累累的人们中间激起了一股流行思潮,这类课程认为全球经济就是一种零和博弈。他们认为,印度班加罗尔每新开一家呼叫中心,伯明翰就会有一批工人下岗;毛里求斯每多生产一件T恤,莫比尔就会少生产一件T恤;巴西种植的每一根甘蔗都如同插在佛罗里达州甘蔗种植户心口上的一根棍子。

然而,实际上,规模更大、更富裕以及发展得更均匀的全球经济将为西方国家带来大量机会。美国对快速增长的发展中国家经济体的出口还在持续增长,投资的双向流动将会增强全球经济实力,发展中国家的创新体系变得更加强大;这预示着世界范围内更加巨大的科技

进步。每个人都将因此受益，全球价值观的趋同也将确保商品、人才和资本的国际流动变得更加顺畅。自柏林墙倒塌后，西方国家就将非西方国家的崛起视为最振奋人心的消息，甚至更甚于柏林墙的倒塌。总之，这些力量应当同样有助于保持一个新时代的相对和平和幸福。

东方的繁荣，欧美应"期盼"？

如果西方商品想要寻求新的市场，美国和欧洲的公司就应该期盼东方国家的繁荣与崛起。根据亚洲开发银行的说法，如果亚洲继续保持强劲的增长态势，该地区经济总量将会在全球经济中占据51%的份额，几乎是当前份额的2倍。到2050年，欧洲和北美洲在全球经济中的份额将分别为18%和15%。退一万步讲，即使亚洲国家由于其政府体制而暂时无法应对先进经济体系带来的复杂关系，从而导致增长放缓，陷入"中等收入陷阱"的困扰，但亚洲在全球国内生产总值中的比重仍将达到32%，而欧洲和北美洲在全球国内生产总值中的比重分别为26%和23%。亚洲在全球国内生产总值中的比重上升，其原因并非西方国家的比重在下降，而是因为东方的增速更快；这对所有人都意味着更多的财富和更大的市场。

据布鲁金斯学会的经济学家霍米·哈拉斯（Homi Kharas）预测，全球"中产阶级"，即每天的生活支出在10～100美元的人口将会从2009年的18亿人增至2030年的49亿人。这些人拥有足够的财力购买汽车以及个人产品和服务。目前，全球每日生活支出在10美元以上的中产阶级大约一半都生活在发展中国家。到2030年，2/3的中产阶级人口将生活在亚太地区，而北美和欧洲的中产阶级人口仅占21%。中东地区和非洲的中产阶级人口将与北美洲持平。

这些中产阶级有能力经常外出就餐，大吃一顿。这就是为什么肯德基快餐连锁餐厅会风靡全球，它正是全球经济发生诸多变化的一个象征，是西方国家在发展中国家寻求巨大投资机会的典型案例。发展中国家的消费者购买肯德基的产品，部分原因就在于其美国身份。遗憾的是，他们所购买的产品正是导致全球肥胖症流行的罪魁祸首，这将使全球越来越多的富裕人群遭受疾病的困扰。

百胜餐饮集团旗下包括肯德基、必胜客和塔可钟等品牌，在全球120个国家拥有3.7万家连锁餐厅。然而，该集团正在陆续关闭美国本土的分店，并面临着市场份额缩水的局面。肯德基创始人桑德斯上校在海外的受欢迎程度远远超绝大部分美国名人。2011年，仅中国就有3 701家肯德基连锁餐厅，数量约相当于美国本土的3/4；到2014年，非洲的肯德基餐厅数量将达到1 200家左右，出售的鸡脯、鸡腿和鸡翅价值达20亿美元，且大部分都是油炸食品。

同样，美国的领先优势还表现在其向全世界兜售定价奇高的拿铁咖啡上。到2015年，星巴克将在中国70个城市拥有超过1 500家分店，彼时中国将成为星巴克继美国本土之后的全球第二大市场。2011年第四季度，中国分店的营业利润率接近35%，为所有业务区域中的利润最高者；相比之下，星巴克在美国本土的利润率仅为22%。印度将是它的下一个目标市场；2012年年中，星巴克与一家印度本土公司共同成立合资公司，首家分店也在同年开门营业。

啤酒市场将为吉尼斯和施丽兹等西方品牌带来另一个全球性的机

会。1980年，中国的啤酒消费量还很小；但如今中国的啤酒消费量已经超过了400亿升。1961年，巴西人喝掉了6.3亿升啤酒，而到了2005年，这一数字达到75亿升。啤酒厂往往是首批进军海外市场的投资商，他们甚至会在那些最动荡的国家开设工厂。2011～2012年，喜力啤酒公司以1.63亿美元的价格买下了埃塞俄比亚2家国有啤酒厂。首家在卢旺达股票交易所上市的公司就是一家外资啤酒厂。继2009年投入3 700万美元后，SAB米勒又向其位于南苏丹朱巴的工厂追加了1 500万美元的投资。

在炸鸡、拿铁咖啡和牛奶给全球人们带来各种健康问题的同时，西方国家的公司却因此发了大财。中国正寄希望于美国这个有着全球规模最大私营医疗体系的国家为其自发成长的私营医疗部门提供建议和投资，但考虑到美国医疗系统相对于其他经合组织国家长期的低效率情况，这或许有些奇怪。2012年初，中国的政策发生变化，允许外国公司设立全资医院。包括泰和诚医疗集团有限公司在内的美国公司纷纷计划进入这个2015年规模可能达到5 000亿美元的市场。

除了这些"亚洲猛虎"之外，不断涌现的商机也在向其他越来越富裕的非西方国家延伸。2011年，非洲吸引的外国直接投资份额创出新高，占全球外资投资总额的5.5%，远远高于其GDP在全球GDP总额中所占比例。恩斯特（Ernst）和杨格（Young）的报告显示，南非、尼日利亚和安哥拉在2012～2017年预计吸引外资总额将超过400亿美元。2012年，鲍勃·吉尔多夫（Bob Geldof）为一只非洲的私募基金筹款2亿美元。他是原摇滚乐队"布姆镇鼠"（Boomtown Rat）的成员之一，该乐队因痛恨周一和向非洲的贫困宣战而闻名于世。另一家位于伦敦的太阳神投资公司也于 2011 年筹集 9 亿美元，成立了一只非洲基金。

来自新兴国家海外投资的商机

当然，对此持怀疑态度的人士则认为，美国和欧洲国家的海外投资是以牺牲本国工人利益为代价的。当公司将工厂从巴尔的摩迁往孟买后，巴尔的摩的工人就失业了。但专门研究激烈的贸易竞争对美国工人的冲击课题的哈佛大学经济学家亚伯拉罕·埃本斯坦（Avraham Ebenstein）也认为，就算离岸外包对美国的薪酬水平和就业趋势有所影响，这种影响也是极其有限的。埃塞克斯大学的格雷格·赖特（Greg Wright）估计，在 1997～2007 年这段时间内，美国的离岸外包业务大概对制造行业 1.6% 的工作机会造成了冲击，但其对长期生产力的影响实际上起到了增加就业的作用，且新增加的工作岗位其报酬可能更高；原因是公司通过离岸外包节约了资金，使他们能以更低的成本售出更多的产品，从而增加了公司和购买其产品的用户的收入。如此一来，他们就可以雇佣更多的员工，或者公司股东也有更多的钱去向其他美国人购买产品和服务。

同样，刘茹娟和丹尼尔·特雷夫莱（Daniel Trefler）为美国国民经济研究局（NBER）所做的分析认为，得益于外包业务在 1996～2005 年期间的持续增长，从事外包行业的美国工人失业的可能性较小，收入也比平均水平高出 1.5%，该行业同样受益其从海外向国内转移工作岗位的能力。此外，不断增加的海外投资多集中于肯德基餐厅和当

地医院等非贸易部门,这类行业的海外工作岗位取代国内工作机会的可能性十分有限。这类投资对于美国居民是具有积极意义的。

与此同时,许多发展中国家开始到欧美国家进行投资,大量资金正在反向流动。迄今为止,在《金融时报》公布的2012年全球500强企业名单中,巴西、印度、中国或俄罗斯的企业有56家,这些公司的总市值高达3.3万亿美元,其中大部分企业在向海外扩张。

2011年,中国对欧盟国家的投资达到100亿美元。相比2011年的30亿美元,仅2012年的前三个季度,中国在美投资就已经攀升至80亿美元。尤其值得注意的是,来自中国的公司大连万达集团现在已成为美国AMC影院的新东家。

美国咨询公司荣鼎集团(Rhodium Group)认为,到2020年,中国在美投资的股份市值将达到2 000亿美元,雇佣员工数将达到40万人。比如,2012年中国联想集团宣布启动在美国的个人电脑生产业务;而它在几年前收购的IBM硬件部门早在十几年前就停止在本土生产个人电脑了。

英国也是接受其前殖民地印度投资的最大受益者。塔塔集团是印度钢铁巨头拉克希米·米塔尔(Lakshmi Mittal)控股的企业集团,这位印度裔的企业家如今是英国最有钱的人之一。塔塔集团英国公司是2011年英国第一大制造商,拥有4万名员工。该公司拥有的捷豹路虎公司是英国仅存的钢铁企业和英国本土汽车制造基地。塔塔公司还拥有发明茶袋的泰特莱茶叶公司的控股权。对于英国国民来说,这家公司的意义不亚于皇家骑兵卫队和油炸巧克力棒。在收购的过程中,塔塔集团购买了一个品牌,同时还获得了各种专业技术。但其向英国公司支付的费用也是非常高昂的,还有人认为塔塔集团的出价过高了。不仅如此,这些收购还保住了英国人的工作岗位。

这类案例不仅局限于中国的在美投资和印度的在英投资。墨西哥水泥集团目前是美国最大的水泥生产企业。2010年,该国的宾堡集团还以接近10亿美元的价格买下了美国烘焙食品企业莎莉集团。

较富裕的发展中国家正越来越多地帮助较贫穷的发展中国家进行发展。例如,中国14%左右的海外投资都流向了非洲,这些资金进入了非洲的各个行业,大约22%投向了制造业,29%投向了采矿业。所有这些活动进一步向西方国家的公司开放了市场,为他们提供了各种商业机会。

"土豪"挽救了美国经济?

再回到贸易的话题上,尽管目前存在一种合理的质疑,认为西方国家从发展中国家进口商品将导致本国就业机会减少,或至少将取代本国的制造业工作岗位,但其总体影响还是十分积极的。

1991年,美国人每花费170美元就有1美元用在购买中国商品上,但到了2007年,这一比例变成22∶1。为什么会这样呢?最大的原因就是从中国进口的商品比在美国本土生产的商品要便宜。仅在1999～2003年,由于从中国进口的商品越来越多,导致美国食品、化妆品和办公用品等非耐用品价格下降了2.8%。穷人购买非耐用品的开支在其支出总额中所占的比例要高于富人,因此中国进口商品让处于收入分配底层的美国公民受益颇多。1994～2005年,由于中美贸

易不断攀升，美国最穷的10%人口所购买的商品价格上涨了6%，低于最富有的10%所购买商品的价格。

如果仅关注商品价格，我们就大大低估了国际贸易的好处。国际贸易带给我们的另一个巨大好处就是扩大了商品的选择范围。在全球贸易背景下，你既可以选择好时公司的好时巧克力，也可以选择比利时产的德菲丝巧克力；你可以选择百威淡啤酒或者阿姆斯特淡啤酒。有人估算说这些增加的选择为美国消费者带来高达2 600亿美元的价值，相当于美国2011年GDP的3%。

发展中国家向美国出口的商品种类越来越多，极大地扩大了美国消费者的选择范围。以中国为例：1972年，中国向美国出口的商品种类只有510种；但到了2001年，这一数字飙升至10 199。同年，中国出口商品在美国进口市场展开竞争，涉及商品种类占到所有商品种类的2/3。就向美国出口的商品种类而言，中国大陆排在加拿大、英国和德国之后，名列第四。墨西哥、中国台湾和韩国也挤进了前十的行列。

综合考虑更低的价格和更多的选择范围这两个因素，我们认为来自发展中国家的进口商品为美国的普通人，尤其是贫困者带来了巨大的好处。更廉价的商品也降低了美国企业的投入成本，可以以更低的成本生产更多商品，使得美国经济的运行更加高效。这对于整体就业率来说也是大有好处的。

然而，某些进口商品确实取代了以前本土生产的产品。麻省理工学院的戴维·奥托（David Autor）及其同事认为，中国需对美国制造业工作岗位的流失负责。1990～2007年，美国每1 000个适龄劳动人口中，就有8个人因此而失业，而因此导致的总失业人数高达150万人。

第4章 日益增强的全球经济纽带
未来比预期的要光明得多

美国国民经济研究局的一项分析还显示,发展中国家企业之间的竞争加剧极大地抑制了美国制造业工人的工资上涨。

但对于那些担心美国制造业工人就业情况的人士来说,好消息是美国制造业的总岗位数已经从 2010 年 1 月的 1 145.8 万增加到 2012 年 9 月的 1 194.42 万。原因之一就是中国的工资正在上涨,这一点在奥巴马总统 2012 年的国情咨文中也有提到。波士顿咨询公司(Boston Consulting Group)指出,中国与美国相对较穷地区之间的劳动力成本优势将从 2011 年的 55% 下降至 2015 年的 39%,这表明将有更多的制造业岗位回归美国。我们会在本书后面的章节中看到,如果美国效仿德国模式,为失业工人的再培训和重新安置提供大力支持,制造业的就业问题就不会如此严峻。

更重要的一点是,虽然在与中国竞争的过程中,一些本土工人丧失了工作岗位,但另外一些人却从更廉价的进口商品中获益,从而保持持续发展。换句话说,减少从中国进口商品反而不利于美国的整体就业水平。以奥巴马总统断然对中国进口轮胎征收关税为例,他在 2012 年的国情咨文中对此项政策的实施表示欢迎。皮特森研究所的加里·赫夫鲍尔(Gary Hufbauer)认为,通过对进口轮胎征税,每挽救一个轮胎业的工作岗位,美国人就要为购买更高价格的轮胎多付出至少 90 万美元的成本。这样一来,美国人花在购买其他商品上的钱就变少了,从而削弱了他们购买美国产品的需求。对中国进口轮胎征收关税的总体影响就是让美国失去了 2 500 个工作岗位。

随着零件贸易的重要性不断增强,中国出口的许多商品都是由包括西方国家在内的其他地区生产的零件组装而成。举例来说,中国出

口的高科技产品，有 90% 以上的价值都是由国外控股公司创造；中国工人主要负责科技含量较低的零件生产和成品组装。

以苹果公司的手机与电脑为例，美国的这类产品都是从中国进口的，但其中的大部分零配件并非中国制造。一台全新的 iPhone 在中国的批发价格是 179 美元；其中美国制造的零配件价值为 10.75 美元，远比中国工人的劳动附加价值 6.5 美元要高。日本、韩国和德国制造的零部件价值总和就是剩下的 114 美元。包括苹果公司在内的美国企业主要负责产品的设计工作，并掌控着这些产品的全球生产链和市场推广。与埋头于产品制造相比，这类产业设计与销售活动所创造的价值更高，而这正是美国会从日益增长的中国出口产品中获益的又一个原因。

向发展中国家出口商品是个不错的选择，大多数西方国家的工人都会赞同这一点，而这样的事情正在发生着。2000 年，发展中国家进口的产品约占全球出口量的 1/3，发达国家进口另外的 2/3。根据《经济学人》杂志的报道，2012 年，发展中国家进口的产品上升至全球总出口量的一半以上。到 2014 年，中国的进口量将超过美国。除此以外，2012 年，几乎 3/5 的美国出口商品都流向了新兴市场，这一比例是 1990 年的两倍多。

甚至非洲进口的西方国家商品也呈持续增长走势。联合利华是一家生产多芬香皂和家乐牌汤料等日用消费品的英荷合资公司，其在非洲的市场份额已达 40 亿美元。该公司希望到 2017 年能在此基础上再增长一倍。尼日利亚是富铁吉尼斯黑啤的第三大消费国，这给跨国企业帝亚吉欧公司带来了巨大的利润，它在非洲的销售份额已经达到

14%。同于此时，雀巢公司2010年在非洲的总销售额达到36亿美元。

而在天平的另一端还存在着一个非常特殊的贸易领域，西方国家在这一领域拥有令发展中国家望尘莫及的相对优势：价格高得令人咂舌却华而不实的奢侈品，就如同花了6年酿制出来的单一纯麦威士忌和根本没法穿出去的华服。想象一下售价12万美元的爱马仕鳄鱼铂金包，或者英国大门酒店的和牛馅饼：六磅神户牛肉、松茸蘑菇、松露、两瓶产自木桐酒庄的葡萄酒外加一片可食用的金箔叶子，售价就高达1.6万美元。

这类炫耀性消费的市场何在？高净值的富裕人群，就是我们所说的"土豪"。随着非西方国家变得越来越富裕，超级富豪的数量也在不断增长。地产中介机构莱坊国际和花旗私人银行发布的《2012年财富报告》显示，2006~2011年，全球年收入超过1亿美元的人数增加了29%。而同一时期西方国家的人们想赚到大钱却并不容易。

在此期间，北美地区资产过亿的富豪数量增长率几乎不值一提，7%大概是一个能让占领华尔街运动的示威者们满意的数字。而西欧国家2011年的超级富豪数量相比2006年还有所下降。但在南亚和中亚地区，这5年内高净值人口数量增加了3倍，东南亚地区则增长了80%。2011年，亚洲、非洲、东欧和拉丁美洲总共有3.2万名亿万富翁，相当于全球亿万富翁总人数的一半以上。

正因如此，莱坊国际的调查认为，中国的奢侈品市场正以每年35%的速度在增长，在那些"中国以外无人知晓的城市里"，普拉达（PRADA）和古驰（GUCCI）等奢侈品牌纷纷开门迎客。2011年，英国豪车制造商宾利在中国共售出了1 839辆汽车，销售量是一年前的

2倍。亚太地区的奢侈品消费占全球的27%，而这一数字在2006年仅有16%。

更普遍的观点是，乔治梅森大学的泰勒·考恩（Tyler Cowen）认为："在我们称之为发展中国家的地区，对美国当前的主要出口产品的需求，例如民用飞机、半导体材料、汽车、药品、机械设备、汽车配件和娱乐产品等，即将进入持续增长的最佳时期。"

药品的表现尤为突出。艾美仕医疗经济学研究所（IMS Institute for Healthcare Economics）预计，2015年全球药物支出将从2005年的6 000亿美元上升至1.1万亿美元，而这一增长的主要驱动力来自发展中国家。以中国为首的17个高增长新兴市场的药物支出占全球药物支出的比例，将从2005年的12%增至2015年的28%；其中富裕阶层的疾病治疗又将成为其增长的主要来源。举例来说，2011～2016年，全球用于治疗糖尿病的支出在总药物支出中的占比将从4%上升至7%，这主要是受到二型糖尿病和治疗率迅速攀升的拉动，特别是中国、印度、墨西哥和巴西等国的糖尿病患者。这对想要改善生活品质的中等收入国家而言并不是什么好事，但对于默克公司和其他糖尿病药物生产商来说却是一个振奋人心的好消息。

再来看汽车，非西方国家在美国工业复苏中扮演着重要角色。根据布鲁金斯学会的哈拉斯的观点，2000年，美国人购买汽车的数量占全球汽车销量的37%，而中国仅占1%。但到了2009年，中国已成为世界最大的汽车市场，中国人购买的汽车数量比美国人多出300万辆以上。2004年，通用汽车公司在美国的汽车销量是中国的10倍，到2009年，这一比例开始接近1∶1。

娱乐业的情况又如何呢？2011年，好莱坞电影《超级战舰》（*Battleship*）的国内票房表现远不及《泰坦尼克号》（*Titanic*），但却与泰坦尼克这艘大船的悲惨命运十分相似。与此形成对比的是，该片在海外市场的表现并没有让制片方的心情跌至谷底。在3.03亿美元的票房业绩中，接近4/5是由美国以外的热血青年贡献的。那些风靡全美的热门影片在海外市场的表现就更为出色了。《哈里·波特7》（*Harry Potter*）在海外的票房表现是美国的2倍。总的来看，2011年，好莱坞69%的票房收入都来自海外市场，尤其是新兴国家的市场。2007～2011年，仅中国的电影院数量就增加了一倍。到2015年，中国的电影屏幕数量预计将达到16 500块。

在不断攀升的服务出口市场中，娱乐产品只是冰山一角。据美国国民经济研究局统计，旅游与客运出口部门在一年里为美国经济贡献的价值就达到7 220亿美元。在这部分收入中，亚洲新贵们的贡献比例创下历史新高。特别是中国游客，他们的消费已经超过英国和法国游客，并且是意大利和日本游客的2倍。

再把目光转向其他部门。在上海大学发布的全球100所著名大学排行榜中，美国就有53所。这意味着美国可以吸引到全球最优秀的学生前来就读，当然其中还包括全球最有钱的学生。目前在美国求学的外国留学生共有72.3万人。以榜单排名第16位的华盛顿大学为例，该校18%的学生来自国外，他们每年要缴纳的学费在2.8万美元左右，相当于本国学生学费的3倍。

随着非西方国家变得越来越富有，将会有更多发展中国家的学生前往美国留学。2007～2011年的这5年中，仅中国在美留学生数量就增加了 5.7 万人，差不多增长了 6 倍。国际教育协会的数据显示，在美国就读的国际留学生为美国经济总共贡献了 210 亿美元。仅这一笔收入就占到美国整体服务贸易盈余的 1/7 左右。

当然，我们也要看到，聪明的欧美年轻人也越来越多地选择赴发展中国家留学，这或许会削弱美国的服务贸易顺差。美国在世界 500 所顶尖大学排行中的份额正在不断下降，每当有美国大学跌出榜单，几乎马上就会被一所中国大学所取代。2011 年，入选该榜单的中国大学共有 23 所，而在 2003 年时该榜单中只有 9 所中国大学。然而，没有证据表明美国的教育质量在下滑。在迅速扩张的全球高等教育市场，一点点竞争加剧不会对美国的服务出口造成威胁。

中国，未来的创新之国

如果中国等国家将其高质量的教育转化成不断增强的科技实力，如果孟买和上海将硅谷甩到身后，使其变成一片创新的荒地，我们又该如何应对呢？已经有人对美国正在失去科技领先地位表示了深切的忧虑。前美国能源部部长朱棣文早在 2010 年就警告说，到 2011 年，中国或许会在某些创新领域成为世界的主导。2012 年，咨询公司毕马威会计事务所调查了 650 位企业主管，其中 30% 的受访者认为，中国将在未来 4 年里成为全球最大的创新之国，而另外 29% 的受访者认为这一称号应归于美国；印度则击败了日本，排名第三。

不可否认的是，2006 年，中国培养的理工科毕业生人数是美国的 2 倍。除此之外，2002～2008 年，美国一直保持领先的同行审议科学论文发表数量在 6 年内减少了一半以上，从此前的 6 倍领先优势下降为不到 2.5 倍。截至 2004 年，由中国人发表，并被科学引文索引数据库收录的科学学术论文数量排名世界第 5，仅次于英国、德国、日本和美国。

截至 2008 年，美国的跨国企业在中国成立的研发中心数量增至 1 100 家，另外还有 780 家在印度。据世界知识产权组织报告显示，中国通过《专利合作条约》的申请量从 2006 年的 4 000 份增至 2010 年的 1.2 万份，增长了 3 倍。

这些科研成果有可能全部转化为创新企业。《福布斯》杂志每年都会发布一份全球最具创新能力上市公司榜单，衡量标准是公司股价高出其现有业务价值的程度。他们认为，这反映出市场对该公司未来创新成果，包括新产品、新服务和新市场的预期。你可能会对其考量标准表示质疑，但这份榜单至少是基于新的盈利方式来考虑公司的增长潜力。

2012 年，排在前 4 位的全球最具创新能力的公司都来自美国，它们分别是客户关系管理公司 Salesforce.com、亚力兄制药公司（该公司近日公布了治疗一种致命性神经障碍的药物试验的积极效果）、网络零售商亚马逊和 Linux 操作系统的开发商红帽公司；但排名第五的却是百度，中国最大的网络服务公司之一。

事实上，在排名前 100 的公司中，仅中国公司就有 7 家，另外还有 5 家是印度公司。对比一下德国的 6 家和英国的 4 家，至少这些亚洲巨人们开始在创新领域展现实力了。

由此可见，非西方国家的创新能力正在持续增强，不过它们与西方国家相比仍存在不小的差距。2012年，中国的海外专利和许可证收入为10亿美元，这是国外公司为使用中国创造的知识产权所支付的费用。但中国向国外公司支付的专利费用却高达180亿美元，即存在着170亿美元的逆差。而美国在这一领域却实现了820亿美元的顺差。

不管怎么说，将非西方国家日益增强的创新能力视为对西方国家的威胁是极其可笑的。认为发明新事物是一种零和博弈，这种想法简直疯狂。这不禁让人们回想起一则与一位美国专利局官员有关的假新闻：该官员在1900年时宣称这个世界上能被发明出来的东西都已经被发明出来了。创新并非无止境，因此，其他国家的所谓新发明并不代表美国的工作岗位和利润会变少。实际上情况正好相反：我们所有人都在从全球性的创新活动中收益。因为美国人开发出麻疹疫苗，所以英国的状况变得更糟糕了吗？中东两河流域的人们发明了书写，因此美国人的日子更难过了吗？答案显而易见。

全球人口越富裕、受教育程度越高，这只会丰富整个人类的知识、产品和技术储备，产生更多类似发明了二氧化碳激光器的印度人库马尔·帕特勒、发明了激光眼科手术的印度人兰加斯瓦米·斯里尼瓦桑、发明了圆珠笔的匈牙利裔阿根廷人拉兹洛·比罗和发明了口服避孕药的墨西哥发明家路易斯·米拉门特斯一样的人物。更不用说其他领域的杰出人物，如手机行业的商业领袖苏丹人莫·易卜拉欣、南非圣人德斯蒙德·图图、塞内加尔音乐天才尤索·恩多、巴西球王贝利和印度大文学家萨勒曼·拉什迪等。

实际上，许多有才能的人都加入了美国籍。新美国经济伙伴关系组织（Partnership for a New American Economy）的一份报告显示，

第4章 日益增强的全球经济纽带
未来比预期的要光明得多

2011年,在专利申请数量排名领先的前十所美国大学中,76%的专利申请至少涉及一位美国以外出生的发明者。1 000多项专利涉及的发明者来自88个不同的国家。例如,参与海水淡化技术开发的印度科学家就是在加州大学洛杉矶分校完成他的研发工作的。

再来看印度最近自主研发的创新技术。虽然塔塔公司推出的成本仅2 000美元的Nano轿车并未取得良好的销售业绩,但印度在其他创新领域却取得了不俗的表现。印度的制药业压低了全球疫苗的生产成本,他们还发明了将多种治疗艾滋病的药物融入一片药剂中的方法,极大地方便了那些接受抗逆转录病毒治疗的病人的生活。还有印度的Shree水泥公司,该公司用空气冷却法代替水冷却法,发明了世界上最节水的水泥生产系统。目前,西方公司正纷纷投资印度的创新型企业。2011年,西门子孟买分公司开始为印度市场生产包括太阳能X光机和蒸汽涡轮机在内的42种产品。这些针对发展中国家市场开发的廉价、便捷和更加耐用的产品最终将会叩开西方国家的大门。例如,美国的乡村医生现在已经开始使用原本为印度医院设计的心电图仪了。

此外,中国在太阳能电池板生产方面的创新也使得可再生能源相比传统能源具有更强的竞争力。目前中国还在加紧模块化施工技术的研发,该技术可在很短的施工周期内建造出绿色的生态建筑,同时减少废弃物的产生。中国远大集团只用了15天时间就在长沙盖起了一栋30层的酒店,并计划用90天时间在同一城市建起一栋220层的全球最高摩天大楼。中国的高速列车的行驶速度是美国铁路公司东海岸快线的4.5倍。类似的例子不胜枚举。

积极投身创新领域的国家不仅是中国和印度。以手机银行为例,

最近的一份全球调查显示，2012年，每10个成年人中就有超过1个人使用移动支付业务的国家共有20个；其中15个在非洲，而处于全球领先地位的非肯尼亚莫属，该国68%的成年人在2012年使用过移动支付业务。这正是创新技术的全球扩散创造出让所有人受益的新产品和服务的又一个案例。

就此，我们对全球经济中非理性的经济学因素与中国、印度或尼日利亚的GDP增长可能增强西方经济体实力的方式之间的联系进行了剖析。**然而，生命中还有许多比金钱更重要的东西。至少健康状况和教育水平的改善与非西方国家正在经历的经济变革同样重要，日渐改变的标准和价值观也在告诉我们，地球正在进入一个更加健康、和平和更加全球化的时代。**建立一个没有战争、灾难、早逝、歧视的世界，人类还有很长的路要走，但至少我们距离这个目标又近了一步。这种进步会给我们所有人带来难以置信的好处。

以排在发展中国家末尾的刚果民主共和国为例。历经一个多世纪的动荡之后，刚果民主共和国显然成为世界上最混乱的地方。20世纪初的刚果，就如同约瑟夫·康拉德(Joseph Conrad)在其小说《黑暗之心》(*Heart of Darkness*) 中所描述的那样，处于比利时国王利奥波德（King Leopold）的残暴统治之下，国王的军队对这片土地的强制开发及他们所带来的疾病导致了成千上万刚果原住民的死亡。1960年，刚果（金）获得独立，但接踵而来的却是一场邪恶的内战。内战结束后不久，这个国家又迎来了世界历史上最腐败的统治者——蒙博托·塞塞·塞科(Mobutu Sese Seko)。他的政权于1997年被推翻，国内冲突卷土重来，并一直持续到下一个千年，并成为21世纪至今以来最为血腥的一场战争。1998～2007年，这场战争仅在一个地方就夺去了180万～540万人的生命。某些地方随之而来的社会瓦解局面接近于黑暗的中世纪。2011年，基伍省每天被强暴的妇女多达40人，从而导致每10个人中就有1个染上艾滋病。如今，刚果（金）的人均收入在每天68美分左右。也就是说，大多数人刚果（金）人一周的收入只相当于一顿麦当劳开心儿童套餐的售价。

但是，即便刚果（金）人民经历了如此深重的苦难，人均收入大幅倒退，其民生状况也并非完全停滞不前。1990～2007年，在战火和贫困的水深火热中，新生儿死亡率从15%下降至9%，虽然这一比例依然很高，却低于1960年韩国或墨西哥的水平。除此之外，儿童体重不足的比例和产妇死亡率也有所下降，甚至艾滋病毒流行率也从总人口的4.2%降至3.4%。

这些改善在很大程度上与基础卫生服务的初步普及有关。最近的调查显示，接近2/3的儿童接受了白喉疫苗、百日咳疫苗和破伤风疫苗；一半以上家庭正在使用经过杀虫剂处理的蚊帐。在患肺炎的儿童中，每10个人就有4个以上接受了抗生素治疗，接受抗疟药物治疗的疟疾患儿也持同样比例。40年前，刚果（金）的人均收入是现在的3倍，但这一比例却接近于零。除了健康状况得到改善外，2007年刚果（金）的总入学人数达到130万人，小学入学率从2006年的64%上升至2008年的84%，1980年科威特和洪都拉斯的水平。

考虑刚果（金）的经济现状，这些成就都是在严重缺乏经费的情况下取得的。根据世界银行的统计数据，2009年，刚果（金）的健康和教育两项支出总计仅占该国人均年支出的9%左右。这点少得可怜

的费用，再加上公民个人获得的援助以及有限的私人资源，就足够为该国人民提供比以前的发达国家还要好得多的医疗和教育条件了。

地球上最令人绝望的国家都能取得如此进步，如此看来，在过去的几十年里，全球范围内生活质量的改善是一种非常普遍的现象，且这种改善还带来了各种溢出效应。例如，2012年刚果（金）没有出现一例脊髓灰质炎病例，这表明刚果（金）在全球抗击脊髓灰质炎的战斗中也在贡献着自己的力量。1952年，美国骨髓灰质炎大爆发，5万多儿童因患上此病而瘫痪。如果通过全球共同合作，使骨髓灰质炎成为继天花病毒后被人类消灭的第二种疾病，类似1952年的悲剧就不会重演了。

对于疫苗接种情况每况愈下老牌西方国家而言，全球疫苗接种情况大为改善的意义更加重要。当然，在欧美国家，疫苗很容易获得，而且价格也很便宜，但父母们对此却置若罔闻，不让他们的孩子接受疫苗接种。根据全球发展中心的阿曼达·格拉斯曼（Amanda Glassman）及其同事对1980～2010年期间全球范围内白喉、百日咳和破伤风疫苗持续接种情况的跟踪记录，美国排在斯洛伐克、匈牙利和阿尔巴尼亚等国之后，位居全球第24位。法国排名第31位，英国排名第91位，落后于冈比亚和厄里特里亚。根据健康经济学家维多利亚·法恩（Victoria Fan）的统计，法国2011年共发现1.4万例麻疹病例，是2000年以来发病人数最多的一年，比同年全美洲的总病例还要多；2011年美国的百日咳病例达2.5万例，死亡13人，病例数也是数十年来最高的。

如果我们依然对西方国家的父母们拿孩子生命去冒险的行为不管

不问，那么只能寄希望于非西方国家的孩子普遍接受疫苗，使得全球传染病的感染风险大大降低。

全球的价值观也在"趋同"？

全世界整体教育水平提高所带来的好处之一是，反对歧视、人人平等的价值观得到普及。各国人民将变得更加宽容，人类将会更加紧密的团结在一起，从而使生产力进一步提高，惠及我们每一个人。

在全球"文明冲突"中，最有趣的现象是世界各国价值观的不断趋同。我们并不愿见到这样的世界，在这个世界里，人人都是加思·布鲁克斯①的超级"粉丝"，或者所有人都能把棒球比赛说得头头是道。但是，另一方面来说，不同兴趣的人将更加包容彼此。

印度的种姓制度有力地证明了文化对生活质量的强大影响，同时还证明从开始文化变革到最后完成的速度有多快。一直以来，数量接近印度总人口 1/6 的低种姓印度人都被称作"贱民"，他们只能从事皮革加工和淘粪等"肮脏"的工作。尽管印度的独立宪法明确废除了种姓制度，并出台多种政策来保证低种姓人口的政治权利，提高他们的社会和经济地位，但对他们的歧视在客观上依然没有消除。达利特人和其他"在册种姓"的劣势地位依然体现在生活中的各个方面。

更重要的是，绝大部分人仍然支持禁止跨种姓婚姻。甚至低种姓的教师知道他的学生也来自低种姓家庭时，会给他们更低的分数。而且，

---

① Garth Brooks，20世纪90年代以来最重要的乡村歌手，美国唱片工业协会认证其为美国最畅销的艺人之一。

如果在测试前向达利特学生强调他们的低种姓身份时,他们的测试成绩就会更差。毕业后,在同等资质的毕业生中,低种姓毕业生获得的报酬较少。大部分达利特人都很贫困,健康状况也非常糟糕。

但是,发展经济学家德威什·卡普尔(Devesh Kapur)、钱德拉·班·普拉萨德(Chandra Bhan Prasad)、兰特·普利切特和西亚姆·巴布(Shyam Babu)等人合著的一篇有关达利特人的论文认为,尽管种姓歧视的情况依然严峻,但它已呈现出明显的衰落之势。

由印度北方邦两个地区的达利特社区成员设计并主导的一项调查发现,过去 20 年来,社会对达利特低种姓的歧视态度和行为得到了全面的缓和,甚至消失。达利特人受访者报告说,自 1990 年以来,达利特人参加婚礼时,不用再坐到特定区域,而是直接坐在高种姓人旁边;人们不再认为处理其他种姓的死亡牲畜是达利特人的事情。其他种姓的助产士也会到达利特人家里去接生婴儿。大批达利特人开始从事诸如裁缝和驾驶等非传统职业,而且几乎没有人愿意再为高种姓家族当包身工了。

杜兰大学的尹明秀(Myeong-Su Yun)及其同事的研究也表明,达利特人在就业方面发生了巨大的变化。1983～2004 年,达利特人在非农业领域的就业人数比例从 24% 攀升至 37%。

这种变化是惊人的。1990 年,在布兰德沙哈尔县,只有不到 4% 的达利特人能接受高种姓家庭提供的食物,但今天接近一半的达利特人享有这一待遇。1990 年,近 3/4 的受访者认为处理死亡牲畜是达利特人的事情,而到了 2007 年持相同观点的人只占 5%。1990 年,认为女孩应接受学校教育的家庭仅占 7%,而本次调查的结果显示这一比例已经攀升至57%。

与1990年的情况相比，如今的达利特人要富裕很多。然而，卡普尔和他的同事认为，深刻的社会转型不能仅用收入变化来解释。"这并不是说种姓制度作为一种社会结构已经消失了。相反，它还有着很强的生命力。"他们警告。尽管如此，达利特人还是看到了前所未有的繁荣景象。他们总结："村庄里的社会和文化结构发生了变化，而且多半是朝着好的方向。"

经历这种变化的不仅是印度的达利特人。"世界价值观调查"是一个全球性的调查项目，旨在报告人们对于宗教、民主、性别和政治等问题的态度。平均而言，在所有参加1993～1998年和2004～2006年世界价值观调查的国家中，2004～2006年期间有13%的人不希望与其他种族的人毗邻而居，而这一数字在1993～1998年期间为17%。3/4的被调查国家认为本国的种族歧视现象在下降。不希望与持不同宗教信仰的人做邻居的人的比例从44%下降至33%。宗教宽容度持续改善的国家占所有被调查国家的91%。认为同性恋不合理的人从59%下降至34%，其中93%的国家在这一数据上出现下降。这说明虽然全世界奉行种族歧视的人群还有数亿之多，尤其是某些大国，但几乎所有地方的种族歧视者都已日渐式微，成为少数分子。

美国对外关系委员会最近的一份报告收集了全球对人权问题的看法。数据显示，人们对此表现出了普遍的宽容和同情。在21个发达国家和发展中国家中，平均86%的受访者认为女性应当享有与男性同等的权利；该调查还显示，91%的受访者认为不同种族和民族的人们应该受到同等的对待。2007年，一项针对肯尼亚、尼日利亚、中国、印度、德国和美国等 24 个国家的调查显示，在每个被调查的国家中，绝大多数受访者均认为不同宗教信仰的人应受到同等对待。即便在得分最低的国家埃及，也有 74% 的受访者同意这一观点。

我们再来看看，价值观调查中反映出的全世界对民主的态度。认为实行民主政治制度是一件好事的受访者占全国人口的比例分别为：埃及 98%、中国 94%、越南 93%、伊朗 92%、伊拉克 88%。还有一些国家对民主制度的热衷度略低：仅有 86% 的美国人支持民主制度。但在所有被调查国家中，绝大多数都对民主制度持支持态度。在 2004～2006 年期间被调查的国家中，认为民主制度是最好的政府组织形式的占 87%。

调查显示，民主比选票重要，民主的实践比理论的支持重要。1997 年，美国《外交》杂志主编法里德·扎卡里亚（Fareed Zakaria）提出了"非自由主义民主国家"的概念，用以描述民主政府疯狂践踏公民权利的现象。近来中东地区发生的一系列事件表明，这类政权出现的可能性很大。

哈佛大学的皮帕·诺里斯和密歇根大学的罗纳德·英格哈特注意到，虽然在针对人们的民主态度进行的调查中，伊斯兰国家和西方国家的得分几乎不相上下，但伊斯兰国家在对待男女平等、离婚和流产等问题的态度方面得分却非常低，且几乎没有人对同性恋表示支持。此外，最近埃及针对科普特基督徒的迫害行为以及新提出的进一步限制妇女权利的立法表明，埃及等国家在民主化进程中还有很长的路要走。尽管如此，人们对于普选制度的支持以及普选制度在全球范围内的实施证明，这些国家至少在朝着人人平等的目标努力。

人们用行动表明，民意调查的结果比所谓流行观点　　　。全球在一系列问题上表现出的选择偏好确实呈现出趋同的　　　如，人们对待生育的态度就在不断变化。没有任何证据表明　　　生活频率减少了，但全球的婴儿出生率却有明显下降。197　　　年期间，西班牙的总生育率减少了一半，而这并非个案　　　　性，不论来自穷国还是富国，不论是否接受教育　　　少生孩子可以提高生活质量；而且女性在家庭的　　　　　　　越来越大的决定权。发展中国家妇女的平均生育数量从1970年的5.4个降至如今的2.7个。伊朗和越南等国的生育率也呈下降趋势，未来这些地方的人口很有可能也会减少。除此之外，全球的生育率也在朝着同一方向发展。

毋庸置疑的是，女孩进入学校接受教育正成为全球范围内一个新的普遍现象。世界银行数据显示，2010年的埃塞俄比亚的学校男女生比例已从1996年的约6∶10攀升至约9∶10，进步可谓十分迅速，但这只是强劲的全球趋势的一部分。过去10年里，中低收入国家女孩的中等教育入学率从42%上升至50%，这无疑与人们的价值观发生了翻天覆地的变化有关。全世界对女孩接受教育的重要性有了充分的认识。

民主态度越来越多地反映在各种民主现实之中。由乔治梅森大学负责维护的"政体Ⅳ计划"数据库将各国在"绝对独裁"到"充分民主"的范围内进行打分。与过去相比，当今世界各国的平均政体得分和"充分民主"国家所占比例都是最高的。自20世纪80年代开始统计以来，实行广泛的民主政治体制的国家数量翻了一倍。在男女平等和种族平等方面，包括瑞士在内的30个国家直到1970年还未实行全民普选。

到 2010 年，实行有限普选权的国家仅剩 4 个。民主制已成为全球默认的政治体制。

如何解释这种全球性的价值观趋同现象？持续深入的城市化进程和不断改善的教育水平无疑起到了重要作用。长期以来，自由化态度与较高的入学率和城市生活方式有着密切的相关性。此外，科技也对文化融合也起到了刺激作用。维基解密曾曝光过一条来自美国驻利雅得大使馆的有趣的外交电文，该电文涉及一名美国外交官与一名沙特阿拉伯电视导演的对话，他们在对话中对美国政府资助的阿拉伯电视频道 Al-Hurrah 和传媒大亨鲁珀特·默多克（Rupert Murdoch）旗下的当地电视频道的影响力大小进行了比较。没有人真正关心乔治·布什通过 Al-Hurrah 频道发表的演说及其冗长的访谈节目，这类节目的制作花费了美国纳税人 5 亿美元的心血；但沙特的电视导演表示，与其他美国文化符号相比，默多克旗下的 MBC 4 频道①所播放的情景喜剧《老友记》和大卫·莱特曼的美式脱口秀，即便在该国最保守的偏远地区也大受欢迎。这一现象正好印证了一项针对巴西和印度进行的研究：电视在上述两国的普及提升了妇女的决策影响力和女孩的入学率。

科技让跨文化的对话也变得越来越直接，这意味着关于人们在态度和行为方面的社会变革还将持续下去。2010 年，全球可提供互联网接入服务的地区从 2000 年的 6.4% 提升至 29.7%。42% 的互联网用户来自亚洲，中国的互联网用户已经超过了美国。到 2030 年，手机接入服务将接近普及。随着移动设备功能不断强大，互联网将取代电视和

---

① MBC 4 是中东地区的首个专门播放美国电视节目的免费国家电视频道。

收音机，成为最普遍的思想传播平台。当然，互联网也可以用来传播极端思想，但迄今为止，它对人类影响最大的还是日益趋同的价值观。

全球统一的文明礼仪还未形成，民族差异依然存在。皮帕·诺里斯和罗纳德·英格哈特指出，"世界价值观调查"显示，各国的民族特征并未呈现出趋同形势。此外，价值观的趋同并不一定意味着向美国的价值观靠拢。部分原因在于，多年以来美国价值观本身也在发生深刻的变化，特别是在环境和同性恋等议题上；可能我们正在向着北欧国家挪威靠拢。但随着美国以及全球各国的世界大同主义观念不断增强，跨国贸易、投资、旅行和移民将会变得更加容易，各国间因误解而引发摩擦的风险也会下降。各种文明之间发生冲突的可能性也将明显降低。

两个有麦当劳的国家不会开战

诚然，全世界对不同信仰和肤色的宽容度越来越高，与之相关的暴力行为呈现出广泛的下降趋势。2001年，凶杀犯罪造成的死亡人数（约55.7万）是战争死亡人数（约20.8万）的2倍，但西方国家以及大部分非西方国家的暴力犯罪率都在持续下降。如果以上数据无法充分说明问题，再来看看2002年的情况，联合国的报告显示，当年94个国家共发生33.2万起凶杀死亡案例，而到2008年，这一数字已下降至28.9万。2002~2008年，凶杀率下降的国家有68个，只有26个国家的凶杀率是上升的。

与此同时，世界范围内发生的各类战争从1961的5次上升至

1984年的24次，到2008年再次回落到5次。据内战研究中心研究员贝萨妮·拉西纳（Bethany Lacina）和尼尔斯·格莱迪奇（Nils Gleditsch）统计，全球因战争死亡的人数也在明显减少。《人类安全报告》显示，国际冲突造成的年平均死亡人数从20世纪50年代的2.1万人下降至本世纪的3 000人。该报告还认为："今天的武装冲突造成的死亡人数几乎不可能逆转和平时期死亡人数长期下降的趋势。"

包括刚果民主共和国在内，世界上依然有很多地方笼罩着死亡和毁灭的阴影，但人类正在朝着正确的方向迈进，这是势不可挡的历史潮流。我们有无数理由相信，这种趋势会一直持续下去。价值观的趋同和民主意识的提升为此提供了保障。民主国家之间的交战是极其罕见的，自二战以来几乎绝迹。过去100年中，民主国家也很少制造大屠杀事件。

我们还看到，战争为超级大国带来的经济利益正在日益减弱。1999年，托马斯·弗里德曼在《世界是平的》（The World Is Flat）一书中指出，同时拥有麦当劳餐厅的两个国家不会发生战争。当俄罗斯第一家麦当劳餐厅于1990年开门营业时，全世界供应麦当劳巨无霸汉堡的国家在40个左右。此后，共有65个国家对麦当劳敞开了国门。虽然反对者或许会说，在南奥塞梯冲突爆发前，俄罗斯和格鲁吉亚都有麦当劳；此外，麦当劳餐厅随处可见的北约国家也一致投了轰炸同样拥有麦当劳分店的塞尔维亚的赞成票，但这只是几个小小例外而已。广义上来看，弗里德曼想表达的是，大量研究证明，日益增强的全球经济纽带使战争的吸引力越来越小。卡洛斯·赛格利（Carlos Seiglie）和他的同事认为，国际贸易和对外直接投资直接导致了战争爆发概率的下降。近来，海外投资活动表现得越来越活跃。

西方国家应该欢迎非西方国家崛起的又一个原因是动乱或战争爆发概率的下降。"脆弱国家"，即那些处于冲突或有爆发冲突风险的国家，是西方最主要的安全隐患。这不仅因为这些国家可能会为国际恐怖分子提供藏匿之所，还因为他们有可能种植制毒作物，助长毒品交易。如果非西方国家的崛起减少了"脆弱国家"的数量，将他们转变成稳定的贸易和投资伙伴，西方国家在持续发展方面面临的风险将会大为减少。随着全球变得更加和平和团结，这个世界将会越来越美好。"世界价值观调查"的数据显示，认为幸福感在提升的人群比例从 1993～1998 年期间的不到 3/4 增加到 2004～2006 年期间的 4/5。由于金融危机的原因，人们的生活满意度自 2005 年以来或许有所下降，但普林斯顿大学经济学家安格斯·德亚顿（Angus Deaton）认为，美国人的幸福指数基本上已经恢复到经济危机爆发前的水平。而人口比例很大的中国和印度等国家过去几年来并未陷入衰退之中。因此，对于全球绝大多数人来说，幸福感的提升将变为一种常态。

实际情况理应如此。每个人都应为新兴经济体为他们带来的重大机遇而庆幸，特别是生活在新兴国家的人们，他们将拥有更大优势。西方国家应该鼓励新兴经济体的发展，亚非拉国家变得更加富裕、健康，教育水平更高且更加国际化是符合欧美国家的自身利益的。

如果非西方国家在环境治理方面也能赶超上来，则对西方国家更有好处。这是因为，如果说非西方国家的崛起确实在某一方面对西方国家构成了挑战，那一定是他们对全球生态系统，尤其是大气环境不断增强的需求。我们将在下一章节就此展开讨论。

注　释

1. "Tiger Traps:Asia's Seemingly Relentless Economic Rise Is Still Not Inevitable," *The Economist*, November 17, 2011.

2. Homi Kharas, "The Emerging Middle Class in Developing Countries" (Paris: OECD Development Centre, 2010).

3. Diane Brady, "KFC's Big Game of Chicken," *BusinessWeek*, March 29, 2012.

4. M.Wei, "Starbucks Heads for Smaller China Cities as Coffee Shops Triple," *Bloomberg News*, April 1, 2012.

5. Liesbeth Colen and Johan Swinnen, "Beer Drinking Nations:The Determinants of Global Beer Consumption," LICOS Discussion Paper 270/2010 (Leuve, Belgium: University of Leuven, LICOS Centre for Institutions and Economic Performance, 2010).

6. Daryl Loo, "China's Rx:Foreign-Owned Hospitals," *Business-Week*, June 28, 2012.

7. Tosin Sulaiman, "Africa Attracts Growing Share of Global FDI: Report," *Reuters*, May 3, 2012.

8. Avraham Ebenstein, Ann Harrison, Margaret McMillan, and Shannon Phillips, "Estimating the Impact of Trade and Offshoring on American Workers Using the Current Population Surveys," Working Paper 15107 (Cambridge, MA: National Bureau of Economic Research, 2009).

9. Greg C.Wright, "Revisiting the Employment Impact of Offshoring," *Job Market Paper* (Davis: University of California, November 2010).

10. Rujuan Liu and Daniel Trefler, "Much Ado About Nothing:American Jobs and the Rise of Service Outsourcing to China and India," Working Paper 14061 (Cambridge, MA: National Bureau of Economic Research, 2008).

11. "FT 500 2012," *Financial Times*, July 19, 2012, available at: http://www.ft.com/intl/companies/ft500.

12. Joel Backaler, "Why the US Needs Chinese Investment," *BusinessWeek*, October 3, 2012.

13. "Tata for Now," *The Economist*, September 10, 2011.

14.OECD iLibrary, "OECD Factbook 2011–2012: Economic, Environmental, and Social Statistics Africa's Trade Partners," available at:http://www.oecd-ilibrary.org/sites/factbook-2011-en/04/01/05/index.html?contentType=&itemId=/content/chapter/factbook-2011-37-en&containerItemId=/content/serial/18147364&accessItemIds=&mimeType=text/html.

15.Christian Broda and John Romalis, "Inequality and Prices: Does China Benefit the Poor in America?" (Chicago: University of Chicago Press, 2008).

16.Christian Broda and David Weinstein, "Are We Underestimating the Gains from Globalization for the United States?" *Current Issues in Economics and Finance* 11, no.4 (April 2005).

17.David H.Autor, David Dorn, and Gordon H.Hanson, "The China Syndrome: Local Labor Market Effects of Import Competition in the United States," *Working Paper* 18054 (Cambridge, MA: National Bureau of Economic Research, 2012).

18.Ebenstein et al., "Estimating the Impact of Trade and Offshoring on American Workers."

19.Federal Reserve Bank of St. Louis, "FRED Economic Data: Graph:All Employees: Manufacturing," available at: http://research.stlouisfed.org/fred2/graph/?chart_texline&s%5b1%5d%5bid%5d=MANEMP&s%5b1%5d%5brange%5d=5yrs; Harold Sirkin, MichaelZinser, and Douglas Hohner, "Made in America, Again: Why Manufacturing Will Return to the US" (Boston: Boston Consulting Group, August 2011), pp.7–9.

20.Gary C. Hufbauer and Sean Lowry, "US Tire Tariffs: Saving Few Jobs at High Cost," Policy Brief PB12-9 (Washington, DC: Peterson Institute, 2012).

21.Yuqing Xing and Neal Detert, "How the iPhone Widens the United States Trade Deficit with the People's Republic of China," Working Paper 257 (Tokyo: ADBI, 2010).

22. "Hey, Big Spenders," *The Economist*, November 17, 2011.

23. "Unilever Aims to Nearly Double Africa Revenue in Five Years," *Reuters*,

May 10, 2012.

24. Knight Frank, "The Wealth Report 2012," available at: http://www.thewealthreport.net/.

25. Tyler Cowen, "What Export-Oriented America Means," *The American Interest* (May–June 2012).

26. IMS Institute for Healthcare Informatics, "The Global Use of Medicines: Outlook Through 2015," May 2011, available at:http://www.imshealth.com/ims/Global/Content/Insights/IMS%20Institute%20for%20Healthcare%20Informatics/Documents/The_Global_Use_of_Medicines_Report.pdf.

27. Kharas, "The Emerging Middle Class in Developing Countries."

28. Stephen Galloway, "Hollywood:How Foreign Audiences Saved Tinseltown," *Foreign Policy* (November 2012).

29. US Department of Commerce, Bureau of Economic Analysis, "US International Trade in Goods and Services" (press release), April2013, available at:http://www.bea.gov/newsreleases/international/trade/tradnewsrelease.htm.

30. Shanghai University Academic Ranking of World Universities, available at: http://www.arwu.org/.

31. International Institute of Education (IIE), "Open Doors Report on International Educational Exchange" (New York: IIE, 2011).

32. Adam Ozimek, "The$20 Billion Export Industry That the Government Is Holding Back," *Forbes*, October 9, 2012.

33. KPMG, "Mobilizing Innovation: The Changing Landscape of Disruptive Technologies," available at: http://www.kpmg.com/Global/en/IssuesAndInsights/ArticlesPublications/technology-innovation-survey/Documents/mobilizing-innovation-august-2012.pdf.

34. Subramanian, *Eclipse*.

35. Ping Zhou and Loet Leydesdorff, "The Emergence of China as a Leading Nation in Science," *Research Policy* 35, no.1 (2006): 83–104.

36. Gert Bruche, "A New Geography of Innovation—China and India Rising,"

Columbia FDI Perspectives 45 (2011).

37. "The World's Most Innovative Companies," *Forbes*, available at: http://www.forbes.com/special-features/innovative-companies.html.

38. "China's Patent Royalty Disconnect," *Financial Times*, May 6, 2013, available at: http://blogs.ft.com/beyond-brics/2013/05/06/chart-of-the-week-chinas-patent-royalty-disconnect.

39. Partnership for a New American Economy, *Patent Pending: How Immigrants Are Reinventing the American Economy* (Washington, DC: Partnership for a New American Economy, 2012).

40. James Lamont, "The Age of 'Indovation' Dawns," *Financial Times*, June 14, 2010.

41. Survey results available from the World Bank at: http://datatopics.worldbank.org/fi nancialinclusion/.

42. Michael Spagat, Andrew Mack, Tara Cooper, and Joakim Kreutz, "Estimating War Deaths an Arena of Contestation," *Journal of Conflict Resolution* 53, no.6 (2009): 934–50.

43. The World Bank, "Congo, Republic of: Joint Staff Advisory Note and the Poverty Reduction Strategy Annual Progress Report" (Washington, DC: The World Bank, 2010).

44. UNICEF, "Multiple Indicator Cluster Survey DRC 2010" (New York: UNICEF, 2010).

45. Amanda Glassman, Juan Ignacio Zoloa, and Denizhan Duran, "A Commitment to Vaccination Index:Measuring Government Progress Toward Global Immunization," Policy Paper 9 (Washington, DC: Center for Global Development, August 2012).

46. Victoria Fan, "Europe's Unwelcome Export: Measles," Center for Global Development, December 29, 2011, available at: http://blogs.cgdev.org/globalhealth/2011/12/europe%E2%80%99s-unwelcome-export-measles.php.

47. Yoko Kijima, "Caste and Tribe Inequality: Evidence from India, 1983–1999," *Economic Development and Cultural Change* 54, no.2 (2006): 369–404.

48. Devesh Kapur, Chandra Bhan Prasad, Lant Pritchett, and D.Shyam Babu, "Rethinking Inequality: Dalits in Uttar Pradesh in the Market Reform Era," *Economic and Political Weekly* 45, no.35 (2010): 39.

49. Ira N.Gang, Kunal Sen, and Myeong-Su Yun, "Is Caste Destiny? Occupational Diversification Among Dalits in Rural India," Working Paper 162 (Manchester, UK: University of Manchester, Brooks World Poverty Institute, 2012).

50. Kapur et al., "Rethinking Inequality," p.48.

51. World Values Survey, "Online Data Analysis," available at:http://www.wvsevsdb.com/wvs/WVSAnalize.jsp.

52. Council on Foreign Relations, "Public Opinion on Global Issues," available at: http://www.cfr.org/thinktank/iigg/pop/.

53. World Values Survey, "Online Data Analysis," available at:http://www.wvsevsdb.com/wvs/WVSAnalize.jsp.

54. Fareed Zakaria, "The Rise of Illiberal Democracy," *Foreign Affairs* (November–December 1997).

55. Ronald Inglehart and Pippa Norris, "Islamic Culture and De-mocracy: Testing the'Clash of Civilizations'Thesis," *Comparative Sociology* 1, nos.3–4 (2002): 235–64.

56. Christian Davenport and David A.Armstrong, "Democracy and the Violation of Human Rights:A Statistical Analysis from 1976 to 1996," *American Journal of Political Science* 48, no.3 (2004): 538–54; Christian Davenport, "State Repression and Political Order," *Annual Review of Political Science* 10 (June 2007): 1–23.

57. The World Bank, World Development Indicators, available at: http://data.worldbank.org/indicator.

58. Ibid.

59. George Mason University, "Polity IV Project: Political Regime Characteristics and Transitions,1800–2012," available at: http://www.systemicpeace.org/polity/polity4.htm.

60. Robert Booth,"WikiLeaks Cables: Jihad? Sorry, I Don't Want to Miss'Desperate Housewives,'" *The Guardian*, December 7, 2010, available at: http://www.guardian.

co.uk/world/2010/dec/07/wikileaks-cables-letterman-housewives-saudi.

61.Zchra F. Arat, "Democracy and Economic Development: Modernization Theory Revisited," *Comparative Politics* 21, no.1 (1988): 21–36; Robert Jensen and Emily Oster, "The Power of TV: Cable Television and Women's Status in India," Working Paper 13305 (Cambridge, MA: National Bureau of Economic Research, 2007).

62.Inglehart and Norris, "Islamic Culture and Democracy."

63.Dean T.Jamison, Joel G.Breman, Anthony R.Measham, George Alleyne, Mariam Claeson, David B.Evans, Prabhat Jha, Anne Mills, and Philip Musgrove, eds., *Disease Control Priorities in Developing Countries*, 2nd ed. (New York: Oxford University Press, 2006); UN Office on Drugs and Crime, "Intentional Homicide, Count and Rate per 100,000 Population," available at: http://www.unodc.org/documents/data-and-analysis/statistics/Homicide/Homicide_data_series.xls.

64.Bethany Lacina and Nils P.Gleditsch, "Monitoring Trends in Global Combat:A New Dataset of Battle Deaths," *European Journal of Population* 21, no.2 (2005): 145–66.

65.*The Human Security Report, 2009–2010* (Vancouver BC:Simon Fraser University, 2010).

66.Nathaniel Beck and Richard Tucker, "Democracy and Peace: General Law or Limited Phenomenon?" paper presented at the annual meeting of the Midwest Political Science Association, Chicago (1998); William Easterly, Roberta Gatti, and Sergio Kurlat, "Development, Democracy, and Mass Killings," *Journal of Economic Growth* 11, no.2 (2006): 129–56.

67.Thomas Friedman, *The Lexus and the Olive Tree* (New York: Farrar, Straus&Giroux, 1999).

68.Solomon W.Polachek and Carlos Seiglie, "Trade, Peace, and Democracy: An Analysis of Dyadic Dispute," *in Handbook of Defense Economics*, vol.2, ed. Keith Hartley and Todd Sandler (Elsevier, 2007), pp.1017–73.

69.World Values Survey, "Online Data Analysis," available at:http://www.wvsevsdb.com/wvs/WVSAnalize.jsp.

70. Angus Deaton, "The Financial Crisis and the Well-being of Americans" (2011 OEP Hicks Lecture), *Oxford Economic Papers* 64, no.1(2012): 1–26.

The UPSIDE OF DOWN

第 5 章

资源和环境：人类繁荣的潜在障碍

财富的增加会毁灭地球吗？

正如地底下蕴藏的矿产资源一样，从中期来看，过度消耗地里长出的粮食资源而不是粮食资源的短缺将成为人类的最大威胁。实际上，尽管我们在全球资源储量方面好消息不断，粮食产量持续增加也大有希望，但资源枯竭确实是人类面临的一个重大挑战。假如我们继续按照当前速度进行资源扩张，这个星球最终会变成一片不毛之地。

 如果人类继续大量消耗矿产资源，又不注重资源的循环利用，总有一天地球的资源会消耗殆尽。但不论发展中国家的发展速度有多快，人类距离那一天的到来似乎还很远。

全世界的价值观在不断融合，其中一个表现便是对环境问题的关注。即使在美国，公众对气候变化的看法也是滞后的。美国人对环境问题远谈不上热衷：超过60%的人支持进一步开展近海钻井业务；在听说过基斯顿输油管发展计划(Keystone XL Pipeline)的人里，2/3支持这一旨在将加拿大的油砂通过输油管道运至美国墨西哥沿岸炼油厂的项目。但好消息是，仍有3/4的公众支持对购买节能汽车和太阳能板的消费者实施退税政策，同时他们还支持将二氧化碳视为污染物进行治理。

据乔治梅森大学的民意调查显示，近2/3的美国民众支持美国加入一项国际协议，协议要求美国到2050年将其碳排放量减少90%。你是否愿意为了保护环境而放弃一部分收入？"世界价值观调查"的调查显示，大部分人表示愿意放弃部分收入，这些人在中国、印度和美国所占的比例分别为85%、68%和52%。

由此看来，这也是一件好事。西方国家对自然资源的过度消耗已

第 5 章 | 资源和环境：人类繁荣的潜在障碍
财富的增加会毁灭地球吗？

对环境造成了严重威胁，非西方国家的崛起进一步导致了它的恶化。这里我们需要理解两件事情。第一，假如有一种采自地下的资源，很可能有人会认为这种资源的产量已经达到峰值，或者即将达到峰值。以当前的速度来看，继续开采这种资源将要付出高昂的成本，导致可怕的灾难。但是，随着全世界已探明的矿石储量不断攀高，同时新技术也表明北美洲将有可能成为能源出口地区，由此又引发了第二种担忧：资源虽然不会耗尽，但地球环境已不堪重负。那就是全球气候问题，它是人类致富之路上的一个潜在障碍。

对全球持续增长而言，消灭第二种威胁显得更为迫切。但好消息是，现在行动并不算晚。我们之前有效地延缓了气候变化的进程，使其破坏性大大降低。因此，如果加快建立一个低碳全球经济体，我们必将迎来一个光明的未来。更好的消息是，最终西方国家和非西方国家将携手认真对待这一问题。

破解资源诅咒的假说

整个 20 世纪，全球经济产出增长了 20 倍，但人类对于某些资源需求的增长速度远超经济产出的增长。然而，由于新技术、新发明的出现以及资源需求模式的不断变化，商品价格却在下降。过去一个世纪以来，全球采矿规模达到前所未有的高峰，致使工业产品价格平均下降了 70% 左右。当然，工业品价格也曾出现过峰值，特别是在第一次世界大战以及 20 世纪 70 年代石油危机期间。目前，我们也处于价格上涨的时代。《经济学人》指出，在过去 10 年里，非石油商品价格指数上升了3倍。即便如此，当前工业产品的价格仍然只有1845～1920年的一半左右，当时的年资源开采量只相当于今天的1/20。

长期来看，导致这种价格变化的原因在于：生产技术进步促成的价格下降压力超过了资源开采成本的上涨和资源需求的增加所带来的价格上升压力。过去20年，全球贫困人口数量迅速下降导致对资源的需求急速膨胀，从而推动了资源价格的上涨。20年前，中国的资源需求所占全球比重非常小，但到了2010年，仅中国一个国家所消耗的铁矿石就占到全球消耗量的近一半，铅、锌、铝、铜和镍的消耗量则占到了40%左右；但资源的供给量也在相应地增加，因此供给还是足够的。

以石油为例。1978年，吉米·卡特总统在就能源危机发表的电视演讲中警告道："下一个10年，全球世界探明的石油储量将有可能消耗殆尽。"然而，现在距离1990年已经过去了20多年，全球的石油储量仍在持续增长。2007～2009年期间，全世界每产出1桶石油，新探明的石油储量就会增加1.6桶。近来，美国和加拿大在两国接壤地区探明了巨大的石油储量。到2035年，上述两国或许真的可以实现"能源独立"的梦想，美国再也无须从中东地区进口石油了。

世界能源理事会（World Energy Council）报告显示：2010年，全球已探明的可采液化天然气和原油储量总计达1.2万亿桶。按当前的全球消耗量计算，还可供人类使用38年。再加上4.8万亿桶页岩油储量，如果我们能找到更加经济的采掘方法，这些能源还可供人类使用150年。另外，包括加拿大的几个巨型矿床在内的焦油砂资源，可能还可能为人类再贡献6万亿桶石油。

第 5 章 | 资源和环境：人类繁荣的潜在障碍
财富的增加会毁灭地球吗？

石油仅是其中一种资源而已。据证明，包括铝、锆在内的全球矿产资源足以满足人类相当长一段时间内的需求。以铜为例。英国在 20 世纪 30 年代进行了一项研究，预测在"一代人的时间内"人类将面临全球范围内严重的金属短缺。然而，真实情况远非如此。美国地质调查局（US Geological Survey）的数据显示：1970 年，全球铜矿储量约为 2.8 亿吨。到 2010 年，随着新技术的出现，人类开采的铜矿石已达 4 亿吨，而且铜矿储量比 1970 年的估值还增加了 2 倍多。

按当前生产水平计算，现有铜矿储量可供人类开采 39 年。然而，我们完全无须过于恐慌：储量仅是地下可开采资源的一种单因素度量，它可对目前通过经济的方式生产的某种矿产的已知储量进行量化。全球资源统计数据估算了全球范围内某种矿物的可开采量。如果你担心铜矿可能"消耗殆尽"，那么请看以下数据：据估计，陆地上的铜矿资源约有 30 亿吨或更多；按照当前的生产水平，可供人类开采 18.5 万年。更好的消息是，这一数字几乎是 11 年前预估储量的 2 倍；也就是说，这一数字还有可能进一步增加。最后，就算我们将陆地上的铜矿消耗完了，还有海底的资源可供使用。

2008 年初，磷酸盐矿石的价格飙升了 6 倍，人们开始对这种重要化肥产品感到担忧。虽然此后磷酸盐矿石的价格迅速回落，但依然维持在 2 倍于 2005 年以前的价格水平。而且这种矿产的长期前景也让我们十分放心：全球磷酸盐矿的估计储量从 1995 年的 1 100 万吨增至 2010 年的 6 500 万吨，按照当前产量计算可供开采 369 年。

最近，日本在其太平洋海床上发现了 680 万吨稀土矿储量，稀土矿是电子工业中的一种重要的矿物资源。按照日本现有的消耗量，这

些储量可供其使用200年。此外,其他许多国家也陆续在本国发现了稀土矿。虽然中国目前出产的稀土矿占世界总产量的90%,但这种情况很快将发生改变。类似的例子还有很多。美国地质调查局的资源估算表明,按当前年产量计算,全球铍矿储量还可开采大约890年,氦资源还可开采347年,铬矿还可开采数百年,锂和锶则还有1 000年以上的储备。对于那些担心化妆品涨价或者针对美国的化妆产品禁运的人来说,美国本土出产的滑石粉①即可供其使用1 000多年。

另一个好消息是,近来在许多贫穷国家均发现了一些重要油田和矿集区,从而导致全球资源储量的增加。继加纳石油的兴起和蒙古铜矿出口量的飙升后,越来越多的发展中国家开始从资源开采和勘探中赚钱。世界银行及其他研究机构的分析显示,对于那些担心"资源的诅咒"②的人来说,这种担心是不必要的。世界银行的报告笼统地总结道:"每个人凭直觉地认为,自然资源创造的财富越多,人均GDP就会越高。"

与此同时,针对石油和矿产资源枯竭所引发的对全球经济崩溃的担忧,美国地质调查局还给出了另一个让人放心的答案:矿石替代品。以铜为例,我们完全可以用铝来代替电缆和电气设备中的铜。实际上,技术变革已经在不断削减人们对铜的依赖,有的电信公司已经开始使用光纤电缆来取代铜制电缆了。

历史上这样的变革不胜枚举。1865年,为了争夺几个具有重要战

---

① 一种化妆品的优质填充剂。
② Resource curse,一种认为石油和采矿业的发展会使一个国家陷入独裁统治和贫困的想法。

略意义的小岛，西班牙、秘鲁和智利之间爆发了战争，因为这几个岛上有着丰富的鸟粪资源。在当时，干燥的鸟粪是肥料和火药中硝酸盐的主要原料。但时至今日，鸟粪已经不再用于战争用途，国防部当然也不会储备鸟粪来制造巡航导弹或者贫铀弹。

如果我们继续大量消耗矿产资源，又不注重资源的循环利用，且如果开发月球资源的计划未能奏效，总有一天我们的资源供给会消耗殆尽。毕竟地球上的矿产是有限的。但对于那些重要的矿物资源来说，不论发展中国家的发展速度有多快，人类距离那一天的到来似乎还很远。这对于世界经济而言当然是个好消息，对西方国家更是如此。

饥荒不再是头号"人类杀手"

但是，地球是否有足够的土地资源和淡水资源来支撑不断增长的人口和更加繁荣的经济呢？在未来50年里，为了养活新增的20亿人口并满足他们对肉类的需求，世界粮食产量必须增长50%。虽然目前全球人口中已有1/3面临水资源短缺，但到2030年，全球1/3的人口将生活在水资源需求和供给缺口高达50%以上的地区。

在我们谈论饥荒人口比例之前，有必要关注一下1967～2007年间发生的事情。这期间，全球粮食产量大约增长了115%。仅在1964～1970年，"绿色革命"[①]就使印度的小麦产量翻了一番。21世

[①] 最初只是指一种农业技术推广。20世纪60年代某些西方发达国家将高产谷物品种和农业技术推广到亚洲、非洲和南美洲的部分地区，促使其粮食增产的一项技术改革活动。

纪的前8年，发展中国家谷物产量的增长速度是其人口增速的2倍。这就是为何在2008年食品价格飙升期间，大米价格仍然只有40年前的一半至1/3的原因。

展望未来，虽然为了满足全球的粮食需求，粮食产量的增长速度必须略高于长期趋势，但也没有必要高太多。明尼苏达大学乔纳森·福利（Jonathan Foley）领导的一个团队在《自然》杂志上撰文指出，如果能通过化肥、灌溉和其他提高生产力的方法来提升目前粮食产量较低地区的生产效率，就能够实现全球粮食产量翻番的目标。

以非洲为例，其每公顷谷物产量投入的技术潜力不到中国的1/8，平均产量也只相当于中国的1/4左右。这一局面将很快得到改善。过去几年，马拉维实施了一项针对改良玉米种子和化肥的补贴项目，使得全国的玉米产量增加了50%。农民使用了国家提供的化肥和杂交玉米种子后，每公顷玉米产量可达5吨，而用传统方法种植玉米每公顷产量仅为1吨。

福利的团队还注意到，在一些高产地区，可以通过减少资源消耗量来进一步提升效率。1990～2004年，经合组织成员国的粮食产量增长了5%，即使耕地面积减少了4%，但农作物多样性仍然在增加。除此之外，水土流失、温室气体排放和过度使用化肥的情况均有所改善。来自种子行业的预测显示，育种和生物多样性的改善将使美国2005～2030年间的玉米产量增加一倍。

在水资源利用方面，过去几十年来，我们的水资源利用效率以年均1%的速度提升。如今，有更多的方法可以让我们以更方便、更低成本地大幅提高水资源的利用效率。免耕直播和灌溉管理的改进将对

第5章 资源和环境：人类繁荣的潜在障碍
财富的增加会毁灭地球吗？

水资源利用产生巨大的影响。麦肯锡在其最近的一项研究中预计，到2030年，为了保证农业的充足用水，全球在此方面投入的总成本将达到每年500亿～600亿美元，相当于那时全球GDP的0.06%左右。

农业贸易的规模不断地攀升，就如同水资源贸易一般。贸易产品的"内含水"①已占到全球人类年均水消耗的1/5。1998年，欧盟和美国出口的400万吨粮食共使用了400亿吨水，相当于尼罗河一年的径流量。水资源匮乏地区若想繁荣和持续发展，必须与降水丰沛的国家合作，进口更多的工农业产品。

如今，饥荒已经越来越罕见，这要得益于全球财富、粮食、食品贸易以及援助系统的不断改善。按诺贝尔奖得主、经济学家阿马蒂亚·森（Amartya Sen）的话来说，饥荒"很容易避免，因此允许饥荒的发生简直是不可思议的事情"。事实上，只要一国的领导人略微关注一下本国国民的生活水平，就能够避免饥荒。这也解释了为何气候与内乱之间并不存在密切相关性的原因。举例来说，《和平研究杂志》（Journal of Peace Research）在2008年就气候与冲突的关系进行了评价："环境决定论认为气候变化直接导致战争的论断是值得怀疑的。"

与此相关的一个好消息是，近来针对全球饥饿状况的重新评估显示：穷人应对粮食价格上涨的能力并没有我们想象的那么脆弱。联合国粮农组织的历史数据显示：在1995～2009年，因食品价格上涨所导致的营养不良人数从7.9亿人上升至10亿多人。新的调查数据显示，实际上1995年全球营养不良人口已经接近10亿人，但在食品全面涨

---

① Embedded Water，即种植食品和生产商品所用的水。

价期间，这一数字反而减少至 8.7 亿人，这要得益于全球财富的增加和安全网络的加强。

最后，全球粮食系统中还存在着大量可避免的损耗。全球 1/3 的粮食都被白白浪费了，要么因为储存不当而变质，要么就是被直接扔掉了。越来越多的粮食被用来饲养动物，这些动物最终又变成了餐桌上的酱汁肉饼。食肉是一种极其低效的摄取营养的方式，也是肥胖症盛行全球的罪魁祸首。如果中高收入国家的人们接受健康的生活方式并少食用肉食，就能帮助全世界 10 亿人口解决超重问题，同时还能降低世界最贫困国家消费者的粮食价格。

在肥胖症席卷全世界的同时，营养不良的问题也会随之减少。未来 50 年，人类在食物方面面临的一个巨大的公共健康问题并非如何产出足够的粮食以阻止爆发大规模饥荒，而是如何避免让肥胖成为人类的头号杀手。正如地底下蕴藏的矿产资源一样，从中期来看，人类最大的威胁并非粮食资源的短缺，而是过度消耗地里长出的粮食资源。

温室气体：全球经济的严重威胁

实际上，尽管我们在全球资源储量方面好消息不断，粮食产量的持续增加也大有希望，但资源枯竭仍然是人类面临的一个无可逃避的重大挑战。假如我们继续按照当前速度进行资源扩张，这个星球最终会沦为一片不毛之地。采矿、钻探以及工业商品的流动都是破坏性很强的活动。还记得阿拉斯加港湾漏油事件和墨西哥湾的原油泄漏事件吗？或者再看看人类为了满足对煤炭的需求而将阿巴拉契亚山地区的山顶炸平的案例。这些活动对全球气候的影响是不言而喻的。仅加拿大艾伯塔省的焦油砂油田就蕴藏着1.73万亿桶石油，这些石油可供人类使用半个世纪，但提炼这些石油对环境来说无异于一个可怕的梦魇：提炼1桶石油需要消耗2吨焦油砂；为了把这种淤泥一样的物质送到地表上来，人类需要把蒸汽送入焦油矿床中去，这就需要燃烧汽油；燃烧过程会产生温室气体，造成排放问题。

集约化农业也会消耗大量的能源和资源，于是提高全球粮食产量的愿望将给全球生态系统，尤其是大气环境带来巨大的压力，更不用说生产更多的汽车、平板电脑和豪宅了。如果全球90亿人口全都效仿西方国家10亿人口的生活，那人类付出的环境代价将是灾难性的。

旨在保护环境的国际协议影响力十分有限，这令人十分失望。以《京都议定书》为例，这是约束世界各国排放温室气体的唯一全球性协议，但它却无法约束世界上排放量最大的三个国家，它们排放的温室气体占全球总排放量的近一半。原因在于，美国从未签署过该条约，而作为发展中国家的印度和中国则无需遵守该条约的排放限制；其依据在于，至今为止，发达国家通过燃烧、排泄或其他方式排放的温室气体占到绝大多数，从而导致了大气温度的升高。

更糟糕的是，虽然延长《京都议定书》的期限已经毫无悬念，但提出更好的替代性条约还需等到2015年以后。此外，谈判形势也日趋严峻：包括中国和印度在内的一些发展中国家的专家曾指出，相较于减少他们的排放量，欧美等发达国家未来几年里应该吸收更多的二氧化碳；这将是一个巨大的技术挑战。我们可以将达成一项具有全球约束力的协议视为冰川，而这些冰山正在逐渐融化。总的说来，从生物多样性到森林资源,再到鱼类资源,任何全球性环保条约的结局都是令人沮丧的。

悲观的事情还有不少,如果你是一头北极熊或者萨赫勒地区荒漠草原上的一个农民,这种感受会更深。但重要的是,我们应该在一个更加广阔的背景下看待气候变化等环境问题。它们是至关重大的全球性问题,有可能会威胁甚至阻碍人类繁荣的进程。仅气候变化就会导致更多极端天气的发生,同时还会加速物种灭绝的速度,并最终导致多达40%的现存物种的灭亡。如果不加控制,气候变化将对本世纪的农业造成巨大挑战。据政府间气候变化专门委员会2001年出具的报告预计,超长期内的气候变化会导致农业减产多达30%。

然而,我们对这些问题并非束手无策,而且目前情况还不算太糟糕,不至于在全球或国家层面彻底将我们所取得的繁荣毁于一旦。这些环境问题都是可控的,所以我们应该携手努力去解决它们,而不是就此放弃。

到目前为止,由于我们反应滞后,气候变化对经济的影响已经无法避免。时任英国政府经济事务部门负责人尼古拉斯·斯特恩(Nicholas Stern)发布的《斯特恩报告》是一份迄今为止对气候变化产生的经济影响最为全面的观察。该报告认为,温室气体对全球经济增长构成了严重威胁,但它的灾难性后果并不会马上显现出来。

以气候变化对发展中国家造成的影响来看,《斯特恩报告》就发展中国家经济增长所做出的最悲观预测是"A2情景",这是一个预测全球经济增长放缓的模型。但即便在该模型下,未来90年里,阿富汗的人均GDP也将增长6倍,印度和中国将增长9倍,埃塞俄比亚的将增长10倍。除去《斯特恩报告》用1/3篇幅论述的有关气候变化的经济影响的最悲观预测，上述国家人民的经济状况依然会有非常明显的改善。阿富汗人民的财富将是目前的4倍，埃塞俄比亚是6倍多。

随着贫困人口经济条件的改善，他们应对气候变化的能力也会增强。例如，1967~2009年期间，随着非洲大陆的经济增长，农业占非洲GDP的比重从22%下滑至13%。经济对农业的依赖程度越低，就越不用依靠降水或适宜的气候来获得丰收。

未来几十年，气候变化对全球经济增长的影响是相对有限的。因此，最近世界银行就全球变暖对当前至本世纪中叶期间的贫困状况的影响所作的一项分析认为，"由于持续的经济增长，贫困的影响会相对温和，且预计未来40年贫困状况大幅改善的趋势绝不会发生逆转"。该报告还认为，如果不计气候变化因素，全球每日生活费在2美元以下的贫困人口比重将从2005年的32.3%减少至2055年的14.1%；如果将全球变暖效应的因素纳入进来，则这一数字是14.2%。

那么，气候变化对人类健康的影响又如何呢？世界卫生组织的分析报告认为，除去其他影响因素，业已发生的有限的全球变暖是造成每年因疾病传播而死亡的14万人口的主要凶手。大多数此类疾病的病毒载体，如蚊子、苍蝇都不喜欢寒冷的环境。因此，如果气候持续变暖，这类疾病扩散的可能性会很大。但从世界范围来看，自20世纪以来，死亡率是持续下降的，疟疾的传播范围也在缩小，最为典型的例子就是过去10年的非洲。

最近，《自然》杂志上的一篇论文总结说，不断攀升的气温对未来疟疾疾病的影响"至少比自1990年以来所观察到的变化要小一个数量

级,比通过有效地增强关键控制措施所取得的变化要小两个数量级"。威廉姆斯学院的道格拉斯·高林(Douglas Golinn)和康涅狄格大学的克里斯蒂安·齐默尔曼(Christian Zimmermann)评估了当气温升高3摄氏度对登革热等疾病可能会造成的影响。目前每年因登革热死亡的人数为2.2万人。他们认为,如果现有公共卫生措施能够普及,气候变暖所造成的影响将非常有限。

虽然因气候变化所导致的洪灾、飓风等极端天气和自然灾害越来越频繁,但如果各经济体持续保持增长,其对全球生活质量的负面效应就会减弱很多。这是因为绝大多数因自然灾害导致的死亡都发生在贫困国家。政府和人民越富有,制定和执行建筑规范、土地利用法规和防洪设施的能力就越强,这些都会减弱自然灾害的影响。

因此,二氧化碳过度排放导致的一系列气候异常,其影响已然造成,且未来这一问题将更为严峻。未来几十年中,气候变化将致使全球1 000万以上的人口生活在贫困之中,同时还将导致数十万人死亡。如果人类长期在此方面无所作为,那么其后果将是全球平均温度上升4摄氏度,贫困或死亡人数将增加若干个数量级。如今,已经采取的做法是通过征收二氧化碳排放税和投资清洁能源等经济手段来应对气候变化。

长远来看,如果我们不迅速制定减少温室气体排放的措施,地球将变得更加贫瘠和荒芜。但未来几十年里,即便考虑到气候变化带来的确定影响,全球经济还将持续扩张、全球健康水平也将持续改善。

我们应对未来充满希望的第二个理由是,一个后续的、类似《京都议定书》的国际条约并不是解决重大而复杂的全球性问题的唯一手段。事实上，已经有许多国家在针对这一威胁自发地制定应对措施。尽管少数国家在保护地球环境方面所采取的行动有时候会让经济学家和国际关系专家感到困惑不已，但它们在推动处理全球性问题方面确实是有所进展。

套用美国著名女人类学家玛格丽特·米德（Margaret Mead）的话："永远不要怀疑一小部分国家，它们也许会改变世界。"这永远都是真理。你可以回想一下西班牙王室资助的一系列横跨大西洋的地理大发现活动，苏联将人类送上太空的壮举，美国国防部发明的因特网以及欧盟成员国出资在欧洲核研究组织开展的粒子物理学研究。当然还有英国在19世纪发起的消除大西洋奴隶贸易的运动，该运动是在全世界范围内废除这种最特殊、最邪恶的制度的重要一步。除此之外，美国提供资金消灭天花病毒的努力也挽救了数百万人的生命。而最近的一个例子则是，为了保护全球的海运通道，多个国家组建了一个非正式联盟，共同抵御海盗的威胁。

令人欣慰的是，一种应对气候变化的全球性措施已经启动了。实际上，欧洲的二氧化碳排放量有了明显减少，低于温室气体排放的上限。1991～2007年，欧盟国家的二氧化碳排放量减少了6%。即便在京都谈判中饱受唾弃，因妨碍一项全球协定的达成而备受指责的美国也在朝着正确的方向渐渐行进。

2011年，尽管美国的二氧化碳产量多出了40%，但其排量还是回落至1996年的水平，这在很大程度上要归功于美国在2008～2012年期间的煤炭发电比重从50%下降到了40%。预计到2020年，这一比重还将进一步降至30%。

这一变化背后隐藏的一个重要的因素就是利用水力压裂法[①]生产国内天然气,从而增加了能源产量。但该方法也有着自身的环境问题:润滑油、天然气以及甲烷、苯、二甲苯、二硫化碳、萘及氮苯所形成的其他化合物有时会渗透到当地的供水系统或大气中。但美国国内燃气发电量占电力生产的份额正在迅速增加,这说明在恰当的环境下,美国的能源构成会迅速发生改变,所以不必担心目前正在建设的发电厂会对未来的减排产生不良影响。煤炭发电量的比重下降还与更加严格的洁净空气法规、反对建设火力发电站的行动以及清洁能源比重的上升有关,这些举措都是受到29条国家层面的强制性可再生能源标准支持的。

与此同时,联邦政府还制定了新的燃油经济性标准,计划到2025年将美国国内汽车的平均能效提升一半左右。此外,加利福尼亚州即将颁布一项行政命令,希望到2050年将温室气体排量减少80%,低于1990年的水平。这一点确实非常重要,因为加利福尼亚州的经济规模比俄罗斯或印度全国的经济总量还要大,而且它还是许多科研机构的大本营,拥有很强的研发能力。如果它能够为低碳科技创造市场需求,就能大力培育和发展清洁技术。

发展中国家也在采取大量的行动来控制碳排放问题。2010年在墨西哥坎昆市举行的联合国全球变暖会议上,发展中国家承诺要在限制

[①] 又称水压致裂法。一种绝对地应力测量方法。测量时首先取一段基岩裸露的钻孔,用封隔器将上下两端密封起来;然后注入液体,加压直到孔壁破裂,并记录压力随时间的变化,并用印模器或井下电视观测破裂方位。根据记录的破裂压力、关泵压力和破裂方位,利用相应的公式算出原地主应力的大小和方向。

第 5 章 资源和环境：人类繁荣的潜在障碍
财富的增加会毁灭地球吗？

碳排量方面做得比发达国家更好。尤其是中国承诺要在"一切照常"的情况下，在减少碳排放量要远超美国。虽然美国已排放的二氧化碳量是中国的 3 倍，但中国是目前全世界碳排放量最大的国家，印度和其他发展中国家的碳排放量也在迅速攀升。鉴于此，中国的这一承诺非常重要。如果发展中国家不发挥领导作用，全人类都将淹没在汪洋大海之下，南太平洋岛国瓦努阿图就是一个例子。

在奥巴马政府改革之前，中国的汽车燃油经济性标准比美国的标准严格 25%。2009 年，中国的水利、风能以及核能发电量达到 667 兆瓦时，比 4 年前增长 50%，相当于佛蒙特州年用电量的 100 多倍。中国的风能、小型水电、生物能、太阳能、地热以及海流能发电设备的装机容量占据世界总装机容量的 1/4。北京国际气候政策中心的齐晔表示，自 1980 年以来，中国每产生 1 美元 GDP 所需消耗的能源一直以每年 5% 的速度递减。中国已经启动了一项试点计划：企业通过购买碳排放许可权来获得向大气中排放二氧化碳的权利。该计划可能将于 2009 年在中国全面铺开。

除了中国以外，印度也计划最早于 2020 年以不产生碳排放的可再生能源来取代其国内 15% 的能源生产，而这主要通过建设太阳能发电厂来实现。全球发展中心的大卫·惠勒（David Wheeler）表示，2002～2008 年期间，发展中国家的可再生能源及核能发电容量占全球增加总可再生能源发电量的 2/3。目前，全球一半以上的可再生能源发电量来自发展中国家，而且这一份额还在不断扩大。

我们有很多理由相信，人类有能力在无须付出巨大代价的情况下加速迈向低碳经济的步伐。不仅如此，每增加 1 美元产值所需消耗的

石油也在持续下降。全球每产生 4 美元的产值与 1980 年生产 1 千克石油所消耗的能源相当。到 2009 年，消耗等量能源可产生 5 美元以上的产值。

与此同时，技术进步让清洁能源变得越来越有竞争力。最近，联合国工业发展组织的一份报告指出，一段时间以来，用于太阳能发电的光伏模块价格正在以每年 15% ~ 24% 的速度下跌。太阳能发电企业的电价降幅更大：在美国近期的太阳能供电合同中，高端价位也仅为每度电 9 美分，与燃煤电厂的价格相差无几。早在 2009 年，美国加州能源委员会就拒绝了一份在圣迭戈兴建新天然气发电厂的合同，其给出的理由是光伏太阳能系统将降低纳税人的用电成本。

在德国、意大利和西班牙等电价较高的发达国家，"市电同价"已经在家庭层面得以实现，即通过投资建设家庭太阳能系统可节约 5% 以上的电费。随着太阳能发电价格的下降，越来越多的国家将可实现"市电同价"。相比德国阴冷的冬季，对阳光更充足的地区以及电网尚未完全建立起来的国家来说，家庭太阳能发电系统的性价比将更高。

成本的持续下降是太阳能发电用户激增的主要原因。自然资源保护委员会的一份报告的估算，仅在 2006 ~ 2011 年这 5 年里，美国风能、太阳能、潮汐能和波浪能的发电量在其总发电量中的所占份额就从 1% 增至 2.7%，而中国和德国则分别从 0.1% 增至 1.5%，以及从 5.3% 增至 10.7%。

在 2012 年 5 月一个阳光灿烂的星期六，德国将近一半的用电量都来自太阳能发电。考虑到发电厂的使用期限都很长，一般为几十年，这样的变化是非常惊人的。

对比 5 年前,全球的光伏太阳能装机容量仅为 16 千兆瓦,而仅在 2012 年,全球新增装机容量就接近这一数字的两倍,达到 29 千兆瓦。2011 年,美国、中国和欧盟的清洁能源投资共计 1 330 亿美元,其中仅中国的投资额就达到 550 亿美元。虽然 2012 年的投资力度有所放缓,可再生能源的前景依旧是十分光明的。

低碳经济是气候剧变的救星?

不可否认的是,人类在与气候变化的斗争中所展现出的主动性还不够,未能实现国际社会一致达成的将全球平均气温下降 2 摄氏度的目标。各国承诺的碳减排量还未达到科学家建议减排量的一半。无论发达国家还是发展中国家,以技术变革为支撑的地方性举措仍然只是政府的第二备选方案,所有国家均同意签署一份具有全球约束力的温室气体排放上限的协议,由此反映出各国的实际领导力。

但站在地球的角度,好消息是各国并未等着美国政府制定一份投资绿色科技的全球性协定。随着地球冰川融化现象不断向北扩张,有人担心我们正向着一个单极的世界迈进。幸运的是,世界应对气候变化的方式看来明显是多极的。在科技创新和中美碳定价机制进一步完善的支持下,如果人类继续朝着建立低碳世界的目标加速前进,灾难性的气候巨变完全可以避免。

许多环保人士认为,要想解决水资源或其他自然资源短缺及气候变化问题,就必须立即以激进的方式对全球经济推倒重来。这样做是

没有必要的。应对这些挑战所付出的成本仅相当于全球GDP的2%或者一年的经济增长,这是人类承担得起的代价。如果放出消息说,实现可持续发展的唯一途径就是大幅降低人类的生活水平,那么每个人都会阻止这种做法,特别是发展中国家的人。如果你认为,一旦美国中西部地区的某个角落又在采用水力压裂法开采石油,或者印度又开了一家汽车工厂,地球就会走上灾难频发的不归之路,那么当这类事件发生的时候,你唯一能做的就是卧在沙发里放松,喝点花草茶,等着地球文明崩溃。然而,地球面临的环境挑战并没有如此严峻,至少现在还未如此可怕。

因此,如果你确实想为"世界末日就在眼前"找个论据,最好的理由依然是热核战争或小行星撞击地球。在实事求是的理性者看来,努力实现地球可持续增长才是解决之道。大胆、可行而又不脱离实际的行动就能保证地球的持续增长,20亿人口的生活水平会逐渐趋同,同时地球生态系统也能得到保护。

但还有一个问题:这真是我们想要的吗?本书第6章将就人类拒绝地球馈赠的有趣想法进行探讨,并阐述这一想法之所以可笑的原因。

注　释

1.Anthony Leiserowitz, Edward Maibach, Connie Roser-Renouf, and Jay D.Hmielowski, "Climate Change in the American Mind: Public Support for Climate and Energy Policies in March 2012" (New Haven, CT: Yale University and George Mason University, Yale Project on Climate Change Communication, 2012).

2.Paul Cashin and C. John McDermott, "The Long-Run Behavior of Commodity Prices: Small Trends and Big Variability," *IMF Staff Papers* (2002): 175–99.

3. "Crowded Out," *The Economist*, September 24, 2011.

4.Ambrose Evans-Pritchard, "The World's Commodity Supercycle Is Far from Dead," *The Telegraph*, December 2, 2012, available at: http://www.telegraph.co.uk/finance/comment/ambroseevans_pritchard/9717728/The-worlds-commodity-supercycle-is-far-from-dead.html.

5.The speech is available at: http://www.pbs.org/wgbh/american experience/features/primary-resources/carter-energy/.

6.World Energy Council, *Survey of Energy Resources* (London: World Energy Council, 2010).

7.Phillip C.F.Crowson, "Mineral Reserves and Future Minerals Availability," *Mineral Economics* 24, no.1 (2011): 1–6.

8.US Department of the Interior, US Geological Survey, "Mineral Commodities Summaries 2011," available at: http://minerals.usgs.gov/minerals/pubs/mcs/2011/mcs2011.pdf.

9.US Geological Survey, "Minerals Yearbook, Volume I—Metals and Minerals," available at: http://minerals.usgs.gov/minerals/pubs/commodity/myb/.

10.Emily Sinnott, Augusto de la Torre, and John Nash, *Natural Resources in Latin America and the Caribbean: Beyond Booms and Busts*? (Washington, DC: World Bank Publications, 2010); see also Christa N.Brunnschweiler, "Cursing the Blessings? Natural Resource Abundance, Institutions, and Economic Growth," *World Development* 36, no.3 (2008): 399–419.

11. Gordon Conway, Jeff Waage, and Sara Delaney, *Science and Innovation for Development* (London: UK Collaborative on Development Sciences, 2010); 2030 Water Resources Group, "Charting Our Water Future: Economic Frameworks to Inform Decision-Making," 2009, available at: http://www.2030waterresourcesgroup.com/water_full/Charting_Our_Water_Future_Final.pdf.

12. European Commission, "European Report on Development 2011–2012" (Brussels: European Commission, 2011); Conway et al., *Science and Innovation for Development*.

13. Jonathan A.Foley, Navin Ramankutty, Kate A.Brauman, Emily S.Cassidy, James S.Gerber, Matt Johnston, and David P.M.Zaks, "Solutions for a Cultivated Planet," *Nature* 478, no.7389 (October 20, 2011): 337–42.

14. Conway et al., *Science and Innovation for Development*.

15. Foley et al., "Solutions for a Cultivated Planet."

16. Conway et al., *Science and Innovation for Development*.

17. 2030 Water Resources Group, "Charting Our Water Future."

18. Vaclav Smil, "Water News: Bad, Good, and Virtual," *American Scientist* 96 (2008): 399–407.

19. Amartya Sen, *Poverty and Famines: An Essay on Entitlement and Deprivation* (Oxford: Oxford University Press, 1983), p.175.

20. Idean Salehyan, "From Climate Change to Confl ict? No Consensus Yet," *Journal of Peace Research* 45, no.3 (2008): 315–26.

21. Richard Black, "Climate Summit Set for Rows on Flying, Cash, and History," *BBC News*, November 5, 2011.

22. For references, see The World Bank, "Exploring Climate and Development Links," available at: http://climate4development.worldbank.org/.

23. Nicholas H.Stern, *Stern Review*: *The Economics of Climate Change*, vol.30 (London: HM Treasury, 2006).

24. Nebojsa Nakicenovic, Joseph M.Alcamo, Gerald R.Davis, Bert de Vries, Jorgen Fenhann, Stuart R.Gaffi n, and Zhou Dadi, *Special Report on Emissions Scenarios:*

A Special Report of Working Group III of the Intergovernmental Panel on Climate Change, PNNL-SA-39650 (Richland, WA: Pacifi c Northwest National Laboratory, Environmental Molecular Sciences Laboratory, 2000). Agriculture data from The World Bank, World Development Indicators, available at: http: //data.worldbank. org/indicator.

25.Emmanuel Skoufi as, Mariano Rabassa, and Sergio Olivieri, "The Poverty Impacts of Climate Change: A Review of the Evidence," World Bank Policy Research Working Paper Series 5622 (Washington, DC: The World Bank, 2011).

26.World Health Organization (WHO), "Global Health Risks: Mortality and Burden of Disease Attributable to Selected Major Risks" (Geneva: WHO, 2009).

27.Peter W.Gething, David L.Smith, Anand P.Patil, Andrew J.Tatem, Robert W.Snow, and Simon I.Hay, "Climate Change and the Global Malaria Recession," *Nature* 465, no.7296 (2010): 342–45.

28.Douglas Gollin and Christian Zimmermann, "Global ClimateChange, the Economy, and the Resurgence of Tropical Disease," *Mathematical Population Studies* 19, no.1 (2012) : 51–62.

29.Matthew E.Kahn, "The Death Toll from Natural Disasters: The Role of Income, Geography, and Institutions," *Review of Economics and Statistics* 87, no.2 (2005): 271–84.

30.Juliette Jowit and Patrick Wintour, "Cost of Tackling Global Climate Change Has Doubled, Warns Stern," *The Guardian*, June 25, 2008.

31.Roger Pielke Jr., "Climate of Failure," *Foreign Policy*, August 6, 2012.

32.The World Bank, World Development Indicators, available at: http: //data. worldbank.org/indicator.

33.Qi Ye, "China's Low-Carbon Development," Brookings Institution, May 31, 2011, available at: http://www.brookings.edu/events/2011/05/31-china-carbon.

34.David Wheeler, "Fair Shares: Crediting Poor Countries for Carbon Mitigation," Working Paper 259 (Washington, DC: Center for Global Development, 2011); James Kanter, "A 'Big Thumbs Up' for Renewable Energy," *New York Times*, June 3, 2011.

35.Morgan Bazilian, Ijeoma Onyeji, Michael Liebreich, Ian MacGill, Jennifer Chase, Jigar Shah, Dolf Gielen, and Shi Zhengrong, "Re-considering the Economics of

Photovoltaic Power," *Renewable Energy* 53 (May 2013): 329–38.

36. Aaron Wiener, "Made in the Shade," *Foreign Policy*, July 9, 2012; Jake Schmidt and Aaron Haifly, "Delivering on Renewable Energy Around the World: How Do Key Countries Stack Up?" Natural Resources Defense Council, available at: http://www.nrdc.org/energy/files/delivering-renewable-energy.pdf.

第 6 章
愚蠢的堡垒心态
西方比任何时候都更需要新兴国家

  当然，更理性的人也有充分的理由怀疑一个开放的世界所带来的好处，在这个世界里，金钱、商品和人员的流动性日益增强，昔日美国占据绝对优势的领域开始逐渐旁落他国。但是，认为设置国际贸易或海外投资壁垒就能挽救一国经济是相当没有说服力的，那些对发展中国家持有的敌对态度只会让西方错失各种贸易和投资机会，当然还有工作机会。

 为了在贸易、金融和环境等领域继续提升美国人民的生活品质,就必须越来越依赖于和巴西、中国等新兴国家的合作。敌视发展中国家只会让美国错失各种贸易、投资和工作机会。

横跨新泽西州特伦顿市德拉瓦河的大桥上有一幅巨型横幅,上面写着"特伦顿制造,全世界都需要"(TRENTON MAKES, THE WORLD TAKES)。这幅标语的历史可以追溯到1911年,那时的特伦顿是世界重要的制造业中心。为了适应威廉·塔夫脱总统(William Taft)那重达350磅的身躯,特伦顿甚至还为其专门打造了一个全世界最大的浴缸。

但时至今日,这座城市的制造业早已荣光不再。虽然州政府公布的就业率有所上升,但该市的人口却比1950年的巅峰期减少了近1/3。与美国其他许多地方一样,如今特伦顿的就业主要由服务业支撑。过去特伦顿生产的钢索、农具、床垫和手表,现在基本都要依赖进口,特伦顿自身的制造业几乎已然消失殆尽。那么,可以通过封锁贸易来重现特伦顿昔日的经济活力,强制其恢复手表和农具生产吗?如果说不断涌入的拉丁裔人口是该市的问题所在,那么能够采取更加强硬的边境管制措施来恢复特伦顿的往日荣光吗?

孤立主义：应对衰退的馊主意

对有些人来说，孤立主义似乎是应对相对经济衰退的最好办法。为达到阻碍国际间金融流动的目的，美国可以向其南部边境再派驻数千名国民警卫队员，还可以提升关税、实行新的商品配额或出台更多的规则和惩罚性税收。美国运输安全局可以将本就不太舒适的国际航空旅行体验变得更加糟糕。如此一来，美国就没必要去应对什么更加富裕的新世界了。或许作为一种附带的好处，我们还可以略微延缓非西方国家的经济增长速度。

当然，更理性的人们也有充分的理由怀疑一个开放的世界所带来的好处；在这个世界里，金钱、商品和人才的流动性日益增强，昔日美国占据绝对优势的领域开始逐渐旁落他国。但是，认为设置国际贸易或海外投资壁垒就能挽救一国经济的理论是相当没有说服力的。虽然2013年美国的失业率一直高于7%，但排斥移民的政策对改善就业率毫无帮助。实际上，移民已经成为美国经济至关重要的一部分，并且随着美国人口老龄化趋势加剧，移民的重要性还将继续上升。**严格的移民管制可能会导致美国的经济增长放缓，而孤立主义只会加速美国走向衰落。**美国经济已经深深地被其他国家绊住了脚跟，为了在贸易、金融和环境等领域继续提升本国人民的生活品质，就必须越来越依赖于和巴西、中国等新贵国家的合作。对发展中国家持有敌对态度只会让美国错失各种贸易和投资机会，当然还有工作机会。

此外，美国对非法移民、恐怖主义和军事挑战等威胁的过度反应正成为国民经济的沉重负担。这种负担不仅直接表现在国土安全部和

五角大楼的庞大预算上,其间接影响还包括对赴美观光和商务旅游的激冷效应。**堡垒政策将阻碍全球一体化的进程,而全球一体化恰恰是加强国家安全的最好方式。**

　　欧洲的情况也大同小异:虽然由于地理和历史的原因,孤立主义政策在欧洲并不受欢迎,但为了应对近来爆发的经济危机,欧洲开始将注意力转向内部。1995 年,35% 的英国民众认为英国应大幅削减移民数量。尽管解决欧洲问题的长远之道是扩大与其他国家的联系,但到了 2011 年,这一数字还是攀升至 51%。

移民会"吸干"美国的财富吗?

　　民意调查显示,2012 年 8 月,只有 4% 的美国人认为当前本国最重大的威胁是移民、恐怖主义或"其他外交事务";到 2010 年,这一数字已经攀升至 14%。有越来越多的人认为外交事务已与"道德"站在了同等重要的位置。美国深陷破坏性的海外战争和全球性金融危机已达 10 年,如今的民众已经无心再关注本国的其他问题;但那恰恰是美国领导人想要占据主导的领域之一,因为其他国家对于美国而言从未像今天这样拥有如此重要的意义,尤其是在经济方面。经济议题时常会在此类有关重大问题的民调中名列榜首。

　　世界银行的数据显示,以定值美元计算,美国出口额从 1970 年的 1 610 亿美元上升至 2010 年的 15 310 亿美元,增长接近 10 倍,占美国总产值的 13%。出口行业总共雇佣了 970 万美国工人。按照美国商务部的说法,出口额每增加 10 亿美元,就能为美国新增 5 000 个

第6章 愚蠢的堡垒心态
西方比任何时候都更需要新兴国家

就业岗位。国会预算办公室估计，2010年，《美国复苏与再投资法案》（American Recovery and Reinvestment Act）为美国带来了90万～470万个就业机会，是该法案效果最为明显的一年。2012年，这一法案创造的就业机会在20万～120万。

毫无疑问，出口行业的工作基于全球经济的发展状况。实际上，过去10年以来，美国对比其经济规模小两倍以上的19个国家的出口额增加了约5倍，价值达到1 190亿美元。然而，出口行业的工作机会还取决于各种国际协议庇护下那便捷的贸易关系，以及不会因官僚主义的安检和通关手续而导致商品流动出现混乱的高效港口。与此同时，通过进口来保证美国中产阶级的生活品质也变得越来越重要，而这也需要同样高效的商品流动体系。

在货币的流动性方面，历年来的变化同样重要。1913年，以世界金融负债存量与全球GDP之比来衡量的全球金融一体化程度在20%～30%之间；而今天这一比例已接近200%。当然，早在1950年时，仅美国一国的资本净出口就占到全球资本净出口的1/3左右。时至今日，中国已经成为美国和欧洲的最大债主。除中国以外，其他国家持有共计1/3的美国国债。

此外，欧美国家越来越依赖人才的流动来保证其经济的繁荣发展。如果将美国在度假、教育和娱乐等领域的服务出口也纳入到贸易中来计算，那么就不得不涉及人员的高效流动。如果没有廉价、可靠和便捷的机场基础设施和移民体制，这一切就不可能发生，而跨国旅行就如同斯蒂芬·金恐怖小说中的噩梦。

但更重要的是，外籍工人正在成为西方经济体的中坚力量。2000

年，全球移民数量从 1960 年的 9 200 万人增长至 1.65 亿人。这一数字到今天已达到 2 亿多人。1985～2005 年期间，尽管反对移民的声音不绝于耳，移民在高收入国家人口中的比例还是翻了一倍，达到近 9%。而且越来越多的移民拥有高水平技能，1975～2000 年期间，拥有大学文凭的移民比例增长了 4 倍。

世界银行的研究显示，2000 年，美国依然是全球最重要的移民目的国。美国的移民数量占世界移民总数的 1/5，美国还是 60 个移民输出国的首选目的地。据美国人口普查局的数据显示，略高于 6.3% 的美国人口不具备美国公民身份，还有 5% 的美国人是中途加入美国籍的。以上数据表明，虽然颇具争议，但美国依然保持着世界最大经济体的地位。如果美国想保持领先地位，就需要吸引更多的移民加入美国国籍。

更重要的是，美国人还需要移民来保证退休基金的健康运转。在 1998 年《美国竞争力和劳动改善法案》（American Competitiveness and Workforce Improvement Act）的支持下，美国向熟练的外籍劳动者发放的签证数量增长了一倍，罗格斯大学的卡尔·林（Carl Lin）考察了熟练外籍劳动者增加对高科技股票股价的影响。高科技行业吸收了 80% 的美国签证申请者。实际上，美国 60% 以上拥有博士学位的软件工程师以及一半以上的医学科学家都是移民。林还估计，在该法案通过后的一个月里，高科技公司收获了 15% 甚至更高的累计超额收益。

威维克·瓦德瓦（Vivek Wadhwa）研究员所做的一份考夫曼基金会研究报告显示：2006 年，美国所有的专利申请中，1/4 是由外国裔公民发明或参与发明的。瓦德瓦针对外国裔企业家的研究发现，在

第6章 | 愚蠢的堡垒心态
西方比任何时候都更需要新兴国家

1995～2005年期间创立的科技公司中，1/4的公司拥有一位外国裔的首席技术专家或首席经济师；这些公司共雇佣了45万名员工。

企业家移民也是全球贸易和金融所带来的一系列收益的重要组成部分。两国之间双向移民的人数增加一倍，其双边贸易额就会增加10%。2011年，阿姆斯特丹大学的马苏德·吉斯（Masood Gheasi）及其同事针对48项有关移民与贸易的研究进行了总结，他们认为移民人数增加10%，贸易额就会增长1.5%。而如果移民输入国的技术移民增加1倍，则移民输出国的外国直接投资将会增加25%。

为了维持美国人的生活品质，移民与日俱增的重要地位不仅体现在企业家和投资者的层面，其他方面也是如此。波士顿大学的帕特里夏·科尔特斯（Patricia Cortes）和新加坡国立大学的杰西卡·潘（Jessica Pan）报告说，在美国所有通过执业资格考试的护士中，20%以上的护士都是在国外接受的教育，而在20世纪80年代中期，这一数字仅为6%。2010年，在菲律宾接受教育的护士中，薪水高于平均水平的人占有相当大的比例。科尔特斯和潘认为，"质量差异"正是造成这一薪资差异的原因，这也是美国人应该严肃对待堡垒心态的又一原因。因为假如一个美国人生病了，他很可能不得不向菲律宾护士寻求治疗。

而说到低技术移民，人们担心的是如果大量人口从贫穷国家涌向富裕国家，那么这些富裕国家也会变穷。然而，这种担心是建立在对富裕国家富强之道的错误理解上的。我们看到，让美国变得富强起来的并不是那些稀缺人才，而是各种有效运作的体制和网络，这些体制和网络保证了拥有同样技能、从事相同工作的人（例如麦当劳餐厅的服务员）所获得的报酬大大高于印度或非洲的水平。这就是为什么最

近有证据表明,美国的无技术移民其实提高了美国国内的平均工资水平和就业率。

实际上,移民政策对美国本土非技术工人的影响并不大,尽管他们容易受到来自无技术移民的竞争冲击。经济学家奇安马可·奥塔维亚诺(Gianmarco Ottaviano)和乔瓦尼·佩里(Giovanni Peri)在为国民经济调查局撰写的一篇论文中指出,如果美国不允许移民,美国本国非技术工人的收入可能会减少2%。此外,奥塔维亚诺、佩里和格雷格·赖特还在近期的一篇论文中对美国的各个行业进行了展望;他们认为,移民政策的净效应为包括低技能工人在内的本国工人创造了更多的就业岗位。部分原因在于许多移民从事的工作本来是会被转移到国外的。因此,移民的到来创造了商品和服务需求,同时也为美国本土的公司带来了利润。而如果移民不来美国,这部分利润就会被其他国家的公司赚走。反过来,销售的商品和额外的税收又为美国创造了更多的劳动力需求。

但非法移民的境况又如何呢?据皮尤西裔中心统计,美国目前大约有1 100万非法移民。国民经济统计局(National Bureau of Economic Statistics)的戈登·汉森在一项相对保守的分析中指出,非法移民导致美国本土无技术劳动者的收入减少了9%。但很明显,他的估计过于悲观了。我们从最近发生在佐治亚州的事件可以看到,如果美国拒绝非法移民入境会发生什么事情。州政府对非法农业工人进行镇压,导致可用劳动力锐减。2010年的头3个月,美国农业工人联合会发起了一项名为"夺回属于我们的工作岗位"的运动,旨在鼓励失业美国人夺回农业部门工作岗位,其仅仅招募到7名工人。

第 6 章 愚蠢的堡垒心态
西方比任何时候都更需要新兴国家

据《连线》（*Wired*）杂志报道，为了填补劳动力缺口，农场主们开始使用收获自动化公司设计的 5 000 台机器人为他们干活。公平地说，作为一项旨在促进本国低技能工人的就业政策，佐治亚州的法案不但未达到预期的效果，据估算，它还将使该州损失 10 亿美元以上的税收。

美国移民政策越来越开放的趋势不会发生改变。首先，他们肯定不会"吸干"美国的财富。都柏林经济社会研究所的艾伦·巴雷特（Alan Barrett）和伯特兰·梅特（Bertrand Maître）在一项有关欧盟移民的福利支出的研究中总结道，虽然移民的贫困率略高，但在有统计数据的 19 个国家中，移民享受的各种福利普遍低于本土人民。

其次，在社会影响方面，莱斯利·威廉姆斯（Lesley Williams）及其佐治亚州立大学的同事针对都市普查与犯罪报告的数据进行的研究显示：移民降低了犯罪率。此外，德国劳工研究学会的阿尔帕斯兰·阿卡伊（Alpaslan Akay）及其同事分析指出，在移民人口较多的地区，本地居民的主观幸福感更高，即他们认为自己更幸福。

我们预计，在美国未来保持其全球霸主的终极目标方面，移民政策将发挥重要作用。在一个不断趋同的世界中，人才就是经济实力。随着国与国之间的人均收入平均化，一个国家的人口数量对其相对经济规模的决定性作用将越来越强。联合国的预测显示，到本世纪中叶，中国人口将从 2000 年的 12.75 亿人增长至 13.95 亿人。同一时期，美国的人口增长速度则更快，即从 2.85 亿人增至 4.09 亿人。目前，美国人口相当于中国人口的 22%，半个世纪之后，这一数字将升至 29%。而且在美国的新增人口中，大约 4/5 都将是新移民以及他们的后代。

这些新增的人口将使美国在国家产值排行榜上继续保持在领先的位置。

移民的不断涌入除了给本土美国人带来其作为世界大国的优越感外，还将为他们带来一些切实的利益。随着婴儿潮一代人陆续退休，为了维持富裕的生活方式，美国如园艺工人、儿童看护、餐厅服务生和保洁人员等移民劳工的需求将越来越大。在过去，这一问题在美国的严重程度似乎比欧洲要轻，原因在于相比欧洲2.0的人口出生率，美国的历史生育率接近2.1；美国的人口过渡并没有那么剧烈。但自金融危机爆发以来，美国的出生率降至2个孩子以下。美国人口普查局认为，未来20年，随着美国人的平均寿命继续攀升，65岁以上美国人口占劳动适龄人口的比例将从22%升至35%。如果将儿童计算在内，到2030年，每100个劳动适龄人口将要负担83个老人或儿童。

同样堪忧的是，希伯来大学的摩西·哈赞（Moshe Hazan）和胡斯尼·佐阿比（Hosny Zoabi）进行的一项分析发现，从历史上看，美国过去家庭成员较多的一个重要原因是照看孩子的成本很低，这项服务主要由非法移民来提供。一旦禁止低技术移民进入美国，美国的生育率就有可能长期维持在较低水平，而当前处于长期"危机"中的各项权利计划将会变成一个更加紧迫的问题，如依赖于劳动人口和退休工人良好比率的联邦医疗保险和社会保险等。教孩子识图认字和帮老人打理草坪的人越来越少，提供这类服务的价格也就自然水涨船高了。因此，要想控制生活成本，就必须从国外引入廉价的劳动力。

欧洲的情况也好不了多少。根据世界银行的数据，1960年，英国每10个人中就有1个65岁以上的老人，而且约1/4的人口是15岁以下的儿童。今天这一数字并未发生太大变化，大约为17%。欧洲的情况也大致相同。对年轻的劳动人口来说，2030年的欧洲大陆将是令人绝望的，人们都将为新世纪第二个十年制定的反移民政策而感到遗憾。

由于西方国家对待游客和移民的态度越来越糟糕，就在几年前，人们对于这样一个事实存在着不少争论：西方平均每头牛获得的政府补贴要远多于非洲国家人均获得的西方援助。但上述争论忽略了一个重要的问题，即非洲的牛的待遇也要远胜西方国家的人民。

实际上，在美国政府的默许下，牛群也在大量涌入美国境内。美国并未对入境的牛的头数设置上限。近年来，不断入境美国的牛群数量要远大于移民的数量。据美国农业部统计，2009年共有200万头牛进入美国。而同年获得美国绿卡的移民只有100万多一点，且当年非法入境的移民数量实际上是下降的。这表明美国人口净流入量仅相当于牛群净流入量的1/4左右。

如果你认为上次前往美国时，美国的移民和海关当局给你的待遇跟牛没什么两样，那你一定是在做梦。在世界贸易组织和《北美自由贸易协定》的保护下，牛群跨境流动不会受到任何惩罚。当墨西哥的暴力活动使美国官员跨境处理牛群越境事件变得更加危险时，美国农业部立即采取了应对措施，在美国国内增设了各种设施，确保这些越境的牛群得到及时的安置。

假如你是一头牛，你获得的好处还不止这些。在美国，加拿大牛或墨西哥牛必须享有与本土牛同等的待遇，不能用标签对它们进行区分。但加拿大人就没有如此好的运气了。这种"偏袒"行为意味着，牛群一旦入境就可以立即享受到美国福利体系的一切待遇。2009年，仅美国9 000万头奶牛获得的补贴就达到13.5亿美元。每年每个畜群

可获得 2 万美元的补贴，平均每个畜群有 133 头牛，每头牛都是一位幸福的女王，本土牛和外国入境的牛都是如此。与此同时，美国平均每个家庭每年获得的福利补贴只有 1.68 万美元左右。大部分移民根本不享有任何福利，更不用说非法移民和未获得永久居民身份的人了。

一些美国政府人士正致力于缩小人和牛的待遇差距，乍看起来这似乎是个好消息。但令人遗憾的是，这种尝试仅是为了实现一种最低限度的公平。为了阻止非法移民越境，史蒂夫·金（Steve King）众议员提出在墨西哥和美国的国界上设置电网的议案。"我们一直以来就是这样对付牲口的。"他如此说。同样，联邦政府也开始将过去用于管理牲口的射频身份识别技术用在了印度学生的身上。

劳民伤财的安保升级举措

对于恐怖分子造成的安全威胁，我们的反应有些过激，因而导致市民和游客的出行变得苦不堪言。从 2001 年 9 月 12 日至 2010 年底，美国共发生了 15 万起谋杀案，这其中带有恐怖主义性质的谋杀仅有不到 40 起。实际上，美国国内的右翼极端组织更加危险。自"9·11"事件以来，他们所发起的袭击事件是各类宗教极端组织的 2 倍。即便把美国国内外的恐怖事件加在一起，对于美国来说也不构成巨大的威胁。

以前，美国国务院每年都会发布在国际恐怖主义事件中死亡人数的统计数据。在 1999～2003 年这 5 年间，全球因恐怖主义致死的人数达 5 535 人。这些人的死亡固然令人悲痛，但我们要正确地看待这一问题。这个数字还不到 2010 年美国交通事故死亡人数的 1/5。顺便说一句，由于汽车安全性的改善，这一年美国因交通事故死亡人数降至61年来的最低水平。俄亥俄州立大学的约翰·米勒（John Mueller）指出，事实上，宗教恐怖主义在阿富汗和伊拉克战区以外造成的死亡人数只有200~400人，仅相当于美国每年淹死在浴缸里的人数。

然而，在我们把玩具橡皮鸭放进浴缸之前，没有一家浴缸安全检测机构的雇员会给它们来个安全扫描；与此同时，另一家安全监管机构，美国运输安全管理局却每年可获得将近80亿美元的政府预算。这就是为什么它会遭人诟病，被说成"人员不少，无事可干"。

运输安全管理局在其博客上公布的"2010年十大案件"中，排在第一位的是收缴了1 200支枪，其他还有在美国返程航班上发现了一些C4塑胶炸药。但布鲁斯·施奈尔①指出，在这些案件中，没有一件可以确定是恐怖分子所为。这"十大案件"其实只是众多收缴行动的一部分，其中还包括一种特种部队动作人偶上配备的4英寸长塑料来复枪复制品和一把军刀。

结合与移民相关的安保升级措施，美国国土安全部所代表的堡垒心态不仅耗费了大量人力，而且还浪费了大笔的金钱。例如对持有短期签证的旅客进行面对面的交谈等饱受质疑的创新举措，这一措施赋予一向善变的移民官员更多的自由裁量权，由他们来判断是否需要采取安保措施。

长期来看，任何导致游客或商务人士远离美国的举措都会影响到酒店、餐厅和娱乐场所的税收。2011年，外国游客为美国贡献了

---

① Bruce Schneier，美国密码学家、资讯安全专家。

1 500亿美元的收入,但自2000年以来,国际游客在美国游客总数中所占比例已从17%滑落至12%,获得美国签证的程序变得越来越复杂只是原因之一。就像我们看到的那样,游客数量的下降带来的是贸易和投资的减少。

现在我们忽略这些成本,只关注维持这一"堡垒"的花费。根据一份针对美国为"9·11"事件所承担的直接和间接成本所做的估算,《纽约时报》认为这次袭击事件造成的"人员和物质损失"为550亿美元,经济影响为1 230亿美元,而与提升国内安保等级和战争有关的开支更是高达31 050亿美元。米勒和斯图尔特估计,2002~2011年期间,政府在国土安全方面的开支在以上费用中总共占到5 800亿美元左右。仅2012一年,联邦政府的移民执法部门的花费就达到180亿美元,比包括联邦调查局,酒精、烟草和火器管理局等在内的其他主要联邦执法部门加在一起的开支还要多。

当然,还要算上全部的军费开支。在这方面,美国的表现并不比昔日的超级大国好多少。正如塔夫茨大学的迈克尔·贝克利所指出的那样:"昔日的世界霸主在与各强国进行多次交战,并将10%以上的国民收入用于国防开支后,都不得不承受帝国过度扩展的后果。相比之下,美国当前的国防开支在其GDP中的比重是4%。"

然而,正如2012年的电影《赤色黎明》(Red Dawn)中所反映的那样,美国将其国防预算增至史上最高水平是毫无意义的。《赤色黎明》是1984年同名电影的重拍版,这部电影讲述的是派屈克·史威兹带领下的一群青少年在科罗拉多州抗击苏联入侵者的故事。1984年的原版影片并未获得《辣身舞》(Dirty Dancing)那样的高度评价,但相比

第6章 愚蠢的堡垒心态
西方比任何时候都更需要新兴国家

重拍版，它却被视为一部充满令人惊愕的美感和智慧的电影。这是因为，重拍版中入侵美国的侵略者竟是一群来自朝鲜的小孩。那是一个饱受饥饿困扰的国家，就算一帮被视频游戏迷得神魂颠倒的美国儿童都能轻易干掉他们，如何来入侵美国？

总之，说到美国的侵略题材电影，好莱坞所面临的问题是，把假想敌设置成外星人都要比设置成俄罗斯、日本或朝鲜可信得多。由此我们可以看出美国的安全状况。在应对全球恐怖主义、维护航运安全和人道主义援救等方面，美国军队仍然发挥着至关重要的作用。但执行这些任务是否需要将除阿富汗和伊拉克战争开支外的国防预算维持在1985年的同等水平？这显然是一个颇具争议的问题。20世纪80年代中期，冷战进入白热化阶段，里根总统的国防预算也在此时达到顶峰；美苏两国军队大量进驻中欧地区，全球热核战争一触即发。

经历了一段相对和平时期的不仅只有美国，还包括美国在大西洋彼岸的亲密盟友。按照经济史学家布拉德·德隆（Brad de Long）的说法，莱茵河沿岸地区上一次长时间未被敌军袭扰的情况出现在2000年以前。就全球来看，自1945年以来，民族国家之间的爆发战争十分少见。随着冷战的结束和新独立国家的合法性不断上升，即使内战爆发的可能性也变得越来越小。

近期，民意调查机构YouGov的一份调查显示，美国人十分清楚当今世界的全球影响力来自何处。当被问及在文化吸引力、经济实力或军事实力这三个因素中，哪一个是影响全球影响力的最重要因素时，仅26%的受访者认为一国的军事实力最重要，而45%的受访者认为国家的经济规模是全球影响力的最重要因素。而且一国的经济实力正

越来越依赖于其在太平洋地区实施的外交政策。

各国政府也都意识到了这一点。说到国内的应对措施，尽管有关在国内外发动反恐战争的言辞和开支并非无可挑剔，但"9·11"恐怖袭击后，布什政府向生活在美国的穆斯林诚挚地伸出了橄榄枝，而没有选择将他们关押起来，这一做法与美国在二战期间对待日裔美国人的态度截然相反。最近，专栏作家丹·加德纳指出："一个简单的事实是，'9·11'事件后的10年来，西方社会每个民族的文化都比以前更加多元和丰富了。"这是一种勇敢和正确的做法，而现在是时候将这一政策落实得更加充分了：将移民局冰冷的铁闸门换成热情洋溢的迎宾地毯吧。

谁抢走了欧美人的饭碗？

欧洲国家受到堡垒心态的影响要小一些，这与它们很久以前就放弃了世界霸主的地位有关，它们在对外贸易、对外投资和向海外输出学生和商人方面表现得更加积极。调查结果表明，欧洲国家比美国更好地认识到非西方国家的重要性。尽管如此，围绕移民问题的堡垒思维在欧洲仍然十分普遍，而且在某些国家可能比美国更具恶意和误导性。比如新纳粹党，欧洲人民通过选举使后者获得议会席位。德国马歇尔基金会（German Marshall Fund）2010年的一项调查显示，仅1/3多一点的美国人认为当前美国的移民"太多了"。而持同样观点的英国人则占到了59%。尽管存在以上事实，就像美国的情况一样，移民对欧洲经济发展起着至关重要的作用。同时，人口学的趋势表明移民的

第6章 愚蠢的堡垒心态
西方比任何时候都更需要新兴国家

重要性还在快速上升。因此，如果不是外来竞争或移民抢走了欧美民众的工作，那么谁才是抢走他们工作的人呢？要回答这个问题，请留意哪些雇主雇佣的员工比过去减少了。2009年初至2013年初，美国私营企业的在册员工增加了200万人，而公共部门的在册员工则减少了70多万人。**谁应对就业危机负责？**至少在过去几年的美国，这一问题的答案是"政府"。政府的责任不仅直接表现为解雇职员，还间接地表现在对待再就业培训计划、基础设施建设和支持创新的敷衍了事上；在瞬息万变的全球经济中，这些正是创造新工作机会的重要条件。欧洲的情况也是如此；当欧洲各国政府在经济衰退期间纷纷采取紧缩措施时，其所带来的结果自然是需求的持续下降以及随之而来的大规模裁员。欧美国家应该感到庆幸，至少非西方国家的经济还在持续增长，它们还在国际市场上购买商品、服务和国债。与此同时，西方国家却陷入了其一手造成的衰退泥潭中无法自拔。

对西方国家而言，当今的国际经济环境比以往任何时候都重要，各类国际机构也是如此，例如有关银行监管的《巴塞尔协议》、各种气候协定、全球性药物监管规则、鱼类资源合作以及国际犯罪情报共享等。连一架黑鹰直升机都无法调动的联合国，在面对得州民兵，甚至是美国一群誓言保卫家乡的底层青少年时，其行动都必然以失败告终，但这并不意味着国际构与美国或欧洲的国家安全就毫无关系。

本书第8章将对这类国际机构的作用进行论述。但在我们就将使西方从发展中国家的崛起中受益的国家和国际政策展开论述之前，有必要看看全球经济转型对每一个欧美民众意味着什么，以及在西方国家政府帮助本国民众赢得这些机会后会给他们带来哪些积极的影响。

注　释

1.Ipsos Public Affairs, "Ipsos Poll Conducted for Reuters, August2012," available at: http://www.ipsos-na.com/download/pr.aspx?id=11840.

2.Martin Johnson and Chris Rasmussen, "Jobs Supported by Exports: An Update" (Washington, DC: US Department of Commerce, 2012).

3.Congressional Budget Office, "Estimated Impact of the American Recovery and Reinvestment Act on Employment and Economic Output from April 2012 Through June 2012" (Washington, DC: CBO, 2012).

4.Subramanian, *Eclipse*; Vincent Trivett, "The TRUTH About Who Really Owns All of America's Debt," *Business Insider*, July 20,2011, available at: http://www.businessinsider.com/who-owns-us-debt-2011-7.

5.Frederic Docquier and Hillel Rapoport, "Globalization, Brain Drain, and Development," *Journal of Economic Literature* 50, no.3 (2012): 681–730.

6.Caglar Ozden, Christopher R.Parsons, Maurice Schiff, and Terrie L.Walmsley, "Where on Earth Is Everybody? The Evolution of Global Bilateral Migration, 1960–2000,"*World Bank Economic Review* 25, no.1(2011): 12–56; US Census Bureau,"Current Population Survey—March 2010 Detailed Tables," available at: http://www.census.gov/population/foreign/data/cps2010.html.

7.Carl Lin, "Give Me Your Wired and Your Highly Skilled: Measuring the Impact of Immigration Policy on Employers and Shareholders," IZA Discussion Paper 5754 (Bonn: Institute for the Study of Labor, 2011).

8.Vivek Wadhwa, AnnaLee Saxenian, Ben Rissing, and Gary Gereffi, "America's New Immigrant Entrepreneurs: Part I," Science, Technology, and Innovation Paper 23 (Durham, NC, and Berkeley: Duke University School of Engineering and University of California School of Information, 2007); John Gibson and David McKenzie, "Eight Questions About Brain Drain," *Journal of Economic Perspectives* 25, no.3 (2011): 107–28.

9.Murat Genc, Masood Gheasi, Peter Nijkamp, and Jacques Poot, "The Impact of Immigration on International Trade: A Meta-Analysis," IZA Discussion Paper 6145

(November 2011).

10.Gabriel J.Felbermayr and Benjamin Jung, "The Pro-Trade Effect of the Brain Drain: Sorting Out Confounding Factors," *Economics Letters* 104, no.2 (2009): 72–75; Maurice Kugler and Hillel Rapoport, "Migration, FDI, and the Margins of Trade," CID Working Paper 222 (Cambridge, MA: Harvard University, Center for International Development, June 2011).

11.Patricia Cortes and Jessica Pan, "The Relative Quality of Foreign Nurses in the United States," CReAM Paper 1231 (London: University College London, Department of Economics, Centre for Research and Analysis of Migration, June 2012).

12.Gianmarco I.Ottaviano and Giovanni Peri, "Rethinking the Effects of Immigration on Wages," Working Paper 12497 (Cambridge, MA: National Bureau of Economic Research, 2006); Gianmarco I.Ottaviano, Giovanni Peri, and Greg C.Wright, "Immigration, Offshoring, and American Jobs," Working Paper 16439 (Cambridge, MA: National Bureau of Economic Research, 2010).

13.Jeffrey Passel and D'Vera Cohn, "US Unauthorized Immigration Flows Are Down Sharply Since Mid-Decade" (Washington, DC: Pew Hispanic Center, 2010); Eric Smalley, "These May Be the Droids Farmers Are Looking For," *Wired*, November 11,2011; Tom Baxter, "How Georgia's Anti-Immigration Law Could Hurt the State's (and the Nation's) Economy" (Washington, DC: Center for American Progress, 2011).

14.Alan Barrett and Bertrand Mare, "Immigrant Welfare Receipt Across Europe," IZA Discussion Paper 5515 (Bonn: Institute for the Study of Labor, 2011).

15.Lesley Williams Reid, Harald E.Weiss, Robert M.Adelman, and Charles Jaret, "The Immigration-Crime Relationship: Evidence Across US Metropolitan Areas," *Social Science Research* 34, no.4 (2005): 757–80; Alpaslan Akay, Amelie F.Constant, and Corrado Giulietti, "The Impact of Immigration on the Well-being of Natives," IZA Discussion Paper 6630 (Bonn: Institute for the Study of Labor, 2012).

16.United Nations, Department of Economic and Social Affairs, Population Division, *World Population to 2300* (2004), available at: http://www.un.org/esa/population/publications/longrange2/WorldPop2300final.pdf; Jeffrey S.Passel and D'Vera Cohn, "US

Population Projections, 2005–2050" (Washington, DC: Pew Research Center, 2008).

17. Moshe Hazan and Hosny Zoabi, "Do Highly Educated Women Choose Smaller Families?" Discussion Paper 8590 (London: Centre forEconomic Policy Research, 2011); Grayson K.Vincent and Victoria A.Velkoff, "The Next Four Decades: The Older Population in the United States: 2010 to 2050" (Washington, DC: US Department of Commerce, Economics and Statistics Administration, US Census Bureau, 2010).

18. The World Bank, World Development Indicators, available at: http://data.worldbank.org/indicator.

19. D.A.Shields, "Previewing Dairy Policy Options for the Next Farm Bill" (Washington, DC: Congressional Research Service, 2010).

20. Welfare Information, "Payments," available at: http://www.WelfareInfo.org/payments/.

21. Judd Legum, "Rep.King Designs Electrified Fence for Southern Border: 'We Do This with Livestock All the Time,'" ThinkProgress, July 13, 2006, available at:http://thinkprogress.org/politics/2006/07/13/6259/king-fence/.

22. Charles Kurzman, "Why Is It So Hard to Find a Suicide Bomber These Days?" *Foreign Policy* (September–October 2011).

23. Michael Gerson and Alison Lawler Russell, "American Grand Strategy and Seapower" (conference report), CNA Analysis&Solutions, November 2011, available at: http://politicalscience.osu.edu/faculty/jmueller/CNApart.pdf; Michael Cooper, "Happy Motoring: Traffic Deaths at 61-Year Low," *New York Times*, April 1, 2011.

24. "TSA Top 10 Good Catches of 2011," The TSA Blog, January 5, 2012, available at: http://blog.tsa.gov/2012/01/tsa-top-10-good-catches-of-2011.html.

25. Bruce Schneier, "The TSA Proves Its Own Irrelevance," Schneier on Security, January 9, 2012, available at: http://www.schneier.com/blog/archives/2012/01/the_tsa_proves.html.

26. Josh Boak, "US Looks to Foreign Tourism to Add Jobs, Revenue," *Politico*, March 27, 2012, available at:http://www.politico.com/news/stories/0312/74552.html.

27. Shan Carter and Amanda Cox, "One 9/11 Tally: $3.3 Trillion," *New York*

Times, September 8, 2011.

28.John Mueller and Mark Stewart, "Terror Security and Money," paper presented at the annual convention of the Midwest Political Science Association, Chicago, April 1, 2011.

29.Doris Meissner, Donald M.Kerwin, Muzaffar Chishti, and Claire Bergeron, "Immigration Enforcement in the United States: The Rise of a Formidable Machinery" (Washington, DC: Migration Policy Institute, 2013), available at: http://www.migrationpolicy.org/pubs/enforcementpillars.pdf.

30.Beckley, "China's Century?" p.49.

31.Brad de Long said this on his blog, available at: http://delong.typepad.com/sdj/2006/04/morning_coffee_8.html.

32.YouGov survey administered April 26 to May 2, 2012, results available at: http://www.dartmouth.edu/~benv/files/poll%20responses%20by%20party%20ID.pdf.

33.Dan Gardner,"The Decade of Horror That Wasn't," *Ottawa Citizen*, September 7, 2011.

34.German Marshall Fund, *Transatlantic Trends: Immigration Survey* (Washington, DC: German Marshall Fund, 2011).

第 7 章
新兴经济体带来的超级红利
全球性"游民"正在兴起

随着非西方国家变得越来越富裕,健康水平越来越高,社会越来越稳定和民主,人们在决定求学、赚钱和生活地点方面的选择面也越来越宽广。越来越多的国际游民将会生活在世界各地。他们一生中将会遇到更多的人。而他们得到的好处将是质量更高的生活、更便捷的医疗和教育,以及更多样化、报酬更丰厚的职业选择。

发展中国家的崛起，使得越来越多的欧美人可以用更低成本，获得质量更高的生活品质、更便捷的医疗和教育，以及更多样化、报酬更丰厚的职业选择。

"黄金理想国"外还有更好风景？

在通过贸易、战争、价值观传播和移民政策积累起巨额财富后，西方人已经习惯从摇篮到坟墓都充满优越感的幸福生活；但现在，除非愿意偶尔赶一下国际潮流，否则他们根本无缘分享发展中国家崛起带来的真正红利。

截止到目前，在18～24岁的美国人中，仅有1/5人拥有护照。2011年，美国在海外留学的大学生人数仅占全球海外留学大学生总数的0.4%。来自国际教育协会的数据显示，仅0.06%的美国学生选修了海外全日制本科学位课程，其中近一半是在英国。

有关数据显示，大学毕业后，美国移居海外的高技能人才不到英国的1/3，仅相当于德国的一半。美国从未出现过类似近来欧洲人大举移民智利、安哥拉等新贵国家的现象。2009年6月～2010年11月，大约3万名西班牙人移民阿根廷。2011年，安哥拉的葡萄牙裔员工人数相比 2003 年的 10 万人增长了近 5 倍。按照相对人口数量计算，这相当于 300 万美国人扬帆远航，前往其前殖民地菲律宾寻求更加美好的生活。

出现这一现象的部分原因在于，大多数美国人认为自己正生活在传说中的黄金理想国——大洋彼岸的应许之地。事实上，美国人的平均生活质量确实要比非西方国家高很多，这种状况还将持续一段时间。同样的观念在欧洲也很普遍，尽管那里已经出现移民的反向流动。

然而，前往海外生活会为西方人带来大量改善人生的机会，即便相对孤傲的美国人也更愿意出国看看了。1996～2009 年前往非洲旅游的美国人数量翻了 3 倍，达到每年 39.9 万人。此外，2008～2009 学年期间，共有 26 万名美国学生前往海外求学，而 20 年前这一数字仅为 7.5 万左右。

这正是某些事情即到来的征兆。美国年轻人开始意识到，前往海外旅游、求学和工作将为他们带来大量的机会。一半以上的大学生正在考虑出国留学，其中 30% 的人认为留学海外"是我国际化职业生涯的起点"；现在年轻人的国际视野越来越宽阔。

对于那些具备冒险精神的学生来说，这是一个巨大的好消息，对于留在国内的学生也同样如此。**随着非西方国家变得越来越富裕，健康水平越来越高，社会越来越稳定和民主，人们在决定求学、赚钱和生活地点方面的选择面也越来越宽广。**越来越多的国际游民将会生活在世界各地，他们一生中将会遇到更多的人，而他们得到的好处将是质量更高的生活、更便捷的医疗和教育，以及更多样化、报酬更丰厚的职业选择。抓住这些机会不仅有利于每一个喜欢冒险的人，而且还

能加强国家间的联系，创造更多全球化的贸易、投资和创新活动，这对于每个人来说都是一件好事。

北大领跑低成本的优质教育

我们先来关注教育问题。美国大学理事会表示，超过 2/5 的美国大学生每年向学校缴纳的学费不到 9 000 美元，但另一方面，1/4 以上的美国学生每年缴纳的学费为 3.6 万美元甚至更多。部分学生申请到了奖学金，也有一些学生获得了联邦政府的助学金，但绝大多数学生得不到任何援助，或得到的援助远远不够支付学费。皮尤研究中心近期的一项分析显示，57% 的美国人认为上大学所获得的回报没有超过所付出的学费。3/4 的人认为美国大学的学费太贵，大部分人无力承担。

在这个问题上，最简单解决办法就是"货比三家取其善"。如果高中生们愿意走得更远，到国外的大学求学，世界应该为他们提供以更低成本接受优质高等教育的机会。除此以外，还可以免费享受异国语言和文化的熏陶。一些亚洲国家最好的大学向海外学生收取的学费可低至 4 000 美元，还不到美国大学中等学费的一半；其中不乏教育质量与欧美国家一流大学齐肩的名校。

上海大学、英国《泰晤士报高等教育副刊》以及国际高等教育资讯机构夸夸雷利·西蒙兹（Quacquarelli Symonds）的全球大学排行榜基本获得了广泛的认同，这些机构很少关注学生的经历，更重视教职员工获诺贝尔奖的数量，或者平均每位教授的期刊论文每天被全球读者引用的次数。无论如何，这些排名为我们提供了一个衡量大学学术潜力的宽泛尺度。

从此类排名中可以看出，美国拥有的一流大学数量依然名列榜首。举例来说，在《泰晤士报》发布的排行榜中，排在前 10 位的大学中 7 所是美国大学。在三个排行榜公布的前 10 位大学中，至少有 2 所是英国大学。其中夸夸雷利·西蒙兹的排行榜尤其能够说明问题，该排行榜显示，英国顶尖大学每年向外国学生收取的学费在 2.2 万美元左右，而美国顶尖大学的学费在 3.8 万美元左右。

在欧美国家，99% 的大学申请者对是否能被哈佛大学和麻省理工学院录取表示怀疑，或者对在剑桥大学狂风肆虐的沼泽地里或牛津大学雾气重重的潮湿气候下度过三年时光基本不抱希望。但是，如果能关注一下排在这些顶尖大学后面的学校，他们或许可以抓住几个不错的机会。例如，加拿大的麦吉尔大学排名高于英国的杜克大学，但学费只有杜克大学的一半。此外，在上海大学的排行榜中，排名前 500 的大学中有 37 所大学来自中低收入的国家。巴西圣保罗大学和中国复旦大学等机构的排名均高于美国华盛顿大学、法国巴黎圣母院等知名教育机构。

对于关注教育成本的学生来说，完全可以选择以更低的成本获得优质的大学教育。在夸夸雷利·西蒙兹的大学排行榜中，南非开普敦大学一举击败了乔治城大学。但乔治城大学的学费是 4 万美元以上，而南非开普敦大学的外国留学生只需缴纳 8 000 美元的学费。而且在开普敦大学你还能品尝到优质的特产葡萄酒和欣赏到桌山（Table Mountain）的绝美景色。而新德里的印度理工学院又如何呢？这所学

校在夸夸雷利·西蒙兹的大学排名中略高于巴黎圣母院,但年学费只有巴黎圣母院的 1/7 ~ 1/5。

你想在接受优质教育的同时还能学到一门外语吗?那么你可以选择在《泰晤士报》排行榜中位列 49 名的北京大学,它排在宾夕法尼亚州立大学之前,每年学费在 4 000 ~ 6 000 美元之间。对于那些想要提高西班牙语水平的人来说,还可以选择排名高于维克森林大学,但学费比起便宜 80% 的智利天主教大学。

更好的消息是,许多发展中国家的大学在教学环境方面的得分要好于它们的总排名。例如,《泰晤士报》的大学排行榜显示,北京大学的教学排名要好于排在其前面的 49 所大学中的 34 所。越来越多的海外学生正前往中等收入国家接受优质而便宜的大学教育。2009 年,经济合作与发展组织的数据显示,俄罗斯、中国和南非三个发展中国家共吸引了近 25 万名海外留学生。美国和欧洲的学生也应该加入这一行列。与我们在商品贸易中看到的一样,教育等服务贸易带给我们的不仅是价值,更是选择。留学海外的学生可以体验到在不同国家以不同语言教授的不同学科,同时还能感受到不同的教学风格。此外,当他们毕业后,其中一些人或许还能在发展中国家得到令人激动的工作机会,而这些工作机会在国内是很难获得的。

饭前便后洗手,每年挽救 140 万生命

特别要说的是,或许是因为博诺(Bono)和安吉丽娜·朱莉(Angelina Jolie)等明星把关注全球贫困问题变成了一件很酷的事情,

从事与国际发展相关的工作也变得热门起来。GradSchools.com 网站上列出了 199 个有关国际发展的硕士课程，这些课程旨在培养一批能为当地水务和环卫部门提供技术援助或处理紧急食品援助计划的物流人才。国际发展门户网站 DevEx 表示，从事援助事业的雇主可以通过搜索该网站的数据库来网罗人才，这个数据库收集了 40 万名申请者的信息。此外，世界银行的青年专家项目（Young Professional Program）也是获得该组织内固定职位的途径，该项目每年都会吸引 1 万名以上的申请者来竞争 30 个职位。

对于那些致力于让世界变得更美好的人来说，全球发展事业是他们为此做出贡献的途径之一。但不可否认的是，大量用于援助项目或慈善事业的资金都被白白浪费了。例如阿富汗首都喀布尔为了创作一件"为人们带来欢乐、惊奇和全新意识的活的雕塑"曾经发放了 1 000 只粉红色的气球。还有更早前利用降落伞向阿富汗空投 240 万个果酱馅饼的事情。更不用说那些花费了数亿美元，却从未向外输出过电力的失败能源项目。但是，为联合国儿童基金会或盖茨夫妇基金会等组织工作，帮助更多儿童获得接种新疫苗的机会，提升全球人口的基本医疗服务水平，是拯救生命的最有效方法之一。

当然，在充满活力的非西方国家经济体中，除了国际援助事业之外，还有许多其他激动人心同时报酬丰厚的工作机会。如今，发展中国家也涌现出大量敢于创新的世界一流公司，例如中兴通讯、百度或塔塔公司。过去 10 年，非洲获得的外国直接投资远超国际援助，仅 2010 年，外国直接投资金额就达 600 亿美元以上。越来越多有理想的年轻毕业生将会进入南非、埃塞俄比亚等国家的私营公司，为改善发

展中国家的生活质量贡献一己之力,帮助这些国家改变贫困的面貌。

例如,你是否想让手机革命继续在发展中国家得以延续呢?大量的国际公司正在向全球数十亿用户提供订阅服务。沃达丰公司①在发展中国家拥有接近8.4万名员工,向这些国家的2.14亿名订阅用户提供电信服务。使用沃达丰等公司提供的电话服务为他们带来了一系列的好处,如提高了农民和渔民的产品价格,使南非的农村就业率提升了15%。此外,2011年,沃达丰公司的M-Pesa移动银行服务在肯尼亚拥有1 400万用户,相当于该国总人口的1/3。在这个银行网点不足900家、每4.6万人共享一家分行的国家,这项业务对该国的金融服务产生了巨大的影响。

再来看看我们在改善个人卫生状况和阻止痢疾等致死疾病方面又做了些什么。2010年,联合利华公司的产品销往全球180个国家,使用其产品的消费者达2亿以上,该公司53%的营业收入来自发展中国家,在非洲、亚洲和中东欧地区雇佣了9.7万名员工。联合利华生产的卫宝肥皂占据着印度最大的市场份额,该公司通过设立健康俱乐部、赞助学校比赛等各种营销方式发起了一项涉及1.8万个印度村庄的项目,鼓励人们使用这款肥皂来洗手。这是一个"为善者诸事皆顺"的真实案例。查阅《柳叶刀》(The Lancet)医学期刊的数据后,我们发现,用肥皂洗手至少可将患痢疾疾病的风险降低40%;如果全世界所有人都能做到饭前便后用肥皂洗手,每年能挽救50万~140万人的生命。需要指出的是,该项研究获得了联合利华公司的资助。

---

① Vodafone,英国第一大电信运营商,也是全球最大的移动电话运营商。

当然，私营企业的首要目标是盈利，而不是促进可持续发展。美国联合碳化物公司（Union Carbide）的名字将会与1984年发生在印度博帕尔的化工厂毒气泄漏事件永远地联系在一起，该事件夺走了数千人的生命。此外，德国企业西门子公司最近为其全球贿赂行为支付了16亿美元的罚款。然而，从历史上看，监管良好的商业行为一直以来就是减少贫困和促进经济增长的驱动力。一家遵纪守法的公司为穷人创造就业机会，为全球每一个人提供产品，为这样的公司效力才是提升其商业影响的有效途径之一，这才是生财正道，才能帮助我们实现全球化的生活方式。

享受廉价的高品质生活

正因如此，快速发展的经济体也是美国投资的理想之地。过去10年来，摩根斯坦利公司的新兴市场股票指数每年均超过标普500指数4%。对于美国企业和企业家来说，这里也有大把令人振奋的机会，例如星巴克咖啡和百胜餐饮集团。简而言之，更加富裕的世界将会成就一个更加富裕的美国。

此外，发展中国家的优秀城市也日益成为成功企业家和投资者的理想居住地。莱坊国际集团（Knight Frank）财富与置业顾问针对全球个人资产在1亿美元以上的"高净值"人士的一项调查显示，最富裕的城市依然主要集中在西方国家。但被问及哪些城市对他们的客户最重要时，他们给出的前10位分别是伦敦、纽约、香港、巴黎、新加坡、迈阿密、日内瓦、上海、北京和柏林，其中只有6座城市位于西方国家。

然而，这些顾问表示，被调查者预测未来10年的趋势时，伦敦和纽约依然排在前2位，但迈阿密的位置却被圣保罗取代了。换句话说，在这个个人资产达1亿美元的人群中，有一半都居住在亚洲、非洲、东欧或拉丁美洲等地区的城市，排在前10位的超富裕城市很快也会有一半被来自上述地区的城市所取代。

即便对于收入水平排在全球前10%的西方人士来说，他们也偶尔能享受一下许多发展中国家的高品质生活；而在本国，他们根本无力承受同等的生活品质。尽管正在经历高速增长，非西方国家整体上依然比西方国家贫穷。因此，任何需要投入大量时间和人力的东西，如餐厅、清洁服务、日托和老年人护理等，相对来说都更加便宜。如果你有孩子，或者你需要叫醒服务，或者你不会煮饭，那么至少一段时间内，在非西方国家生活会为你带来实实在在的好处。随着这些地方变得越来越富裕，这些个人服务的价格将变得越来越昂贵。但是，在全球收入差距消除之前，在大多数发展中国家，用同等金钱购买到的服务质量会更高。

越来越多的西方国家正陷入疾病缠身、疲弱不堪的泥沼，而这些日渐强盛的新贵国家为他们带来了大量机会。医疗成本研究所的数据显示：2010年，65岁以下和55～64岁之间美国人的人均医疗支出分别为4 255美元和8 327美元。花费最多的项目为住院治疗，人均住院成本为14 662美元，住院外科护理支出为人均2.7万美元。能够部分解决这一家庭医疗负担的方法就是医疗外包业务，让人们出国寻求成本更低的健康护理。选择出国治疗的人可以获得一个额外的假期，且各州政府也能省下一笔资金。

第 7 章 | 新兴经济体带来的超级红利
全球性"游民"正在兴起

医疗旅行已然成为一个庞大的产业。例如,从 2002 年起,作为一项让 12.6 万名国外患者赴泰国接受治疗的项目的一部分,曼谷康民医院每年要接诊数以万计的美国患者。吸引他们前来就诊的不仅是超级低廉的医疗成本,阑尾切除手术的费用为 3 653 美元,还有良好的医疗质量。康民医院已获得国际联合委员会医疗机构评鉴全球性部门的国际认证,该机构为美国医疗领域的权威认证机构。除了泰国康民医院外,印度阿波罗连锁医院进行的 5 万多台心脏病手术的成功率达到 99%,与美国最好的心脏外科手术中心不相上下。

如果你依旧担心外国的医疗质量,那么,正如我们所看到的那样,美国的许多医疗服务都是由外国移民提供的。世界银行的阿迪特亚·马图(Aaditya Mattoo)和兰迪普·拉辛德兰(Randeep Rathindran)调查发现,一名美国人去一家美国医院看病时,遇到一位海外大学毕业的医生的概率为 25%,而且绝大多数在海外接受教育的医生都来自发展中国家。因此,美国人能决定的事情只是在哪儿接受治疗,而不是为其提供治疗的医生。

尽管国外顶尖医院的医疗质量与美国医院不相上下,但费用却要低许多。马图和拉辛德兰算了一笔账:在美国接受膝关节手术的费用在 1 万美元以上,而包括旅行开销在内,在印度或匈牙利最好的医院接受同样的手术只需花费 1 500 美元。在美国,每年要进行 40 万例膝关节手术,如果将其中 1/4 外包给国外的医院,则每年可节省 8.5 亿美元。

欧洲国家在节省医疗开支方面也存在着巨大空间。但对于实行免费国民医疗制度的国家,民众赴国外治疗来节省医疗开支的动力明显

The UPSIDE OF DOWN
Why the Rise of the Rest Is Good for the West

不足。而且这种方式也不适合老年人。越来越多的欧洲民众选择退休后到其他欧洲国家，甚至更远一些的地方生活。例如，北欧国家的老人退休后会选择到法国的普罗旺斯地区或西班牙的阳光海岸等更南的地方定居，这已经成为一项悠久的传统。而在最近，许多需要接受长期护理的德国老人也开始移居到东欧甚至泰国去生活。到海外接受老年护理服务有着明显的弊端，特别是要远离家人和朋友。但对于某些人来说，几经权衡后还是选择了这一方式。因为在海外，他们可以享受到更加宜人的气候、更好的服务和更低的护理成本。

对大部分西方人而言，长期生活在全球生活质量最高的地区才是合理的选择。但现在越来越多的人认为，应该花更多的时间待在国外，甚至每个人都应该至少在国外生活一段时间。西方人不应只满足于到欧洲和北美洲以外的500多个联合国教科文组织确认的962处世界遗产地观光旅游，必要时还可以国外去留学、工作、投资、静养，参加志愿者服务或退休后定居在那里。这种选择能让他们过上更加富足、快乐的生活。

上述观点似乎与本书第4章的论点相悖。那一章提出，西方国家将从非西方国家的崛起中收益，原因是西方国家将向亚洲、非洲和拉丁美洲的学生和病人出口教育和医疗服务；除此之外，移民的涌入也为西方国家的未来繁荣提供强大的资源保障。而且，正如商品贸易增长所带来的好处一样，人员交流的日益加强也会给双方带来一个双赢的结果。

只要欧美国家的移民政策依然能够吸引世界各地的顶尖学生，那么在未来相当长的一段时间内，欧美国家仍将继续在全球大学排行榜上领跑。我们从排名前 10 位的哈佛大学、剑桥大学和牛津大学身上可以清楚地看到早期教育优势所带来的好处。作为优秀毕业生的摇篮，这些学校能够吸引它们的学生回来担任教职或从事科研工作，这就保证了一个良性循环。因此，在全球教育贸易越来越频繁的背景下，尽管青年人口的数量正在减少，西方国家依然能保住教育服务净出口国的地位。

然而，就大学教育而言，摆在欧美学生面前的机会是巨大的，花更少的钱获得更多的教育，需要偿还的学费贷款更少了，赚的钱也更多了。同样的逻辑也适用于医疗服务贸易。此外，正如我们看到的那样，移民使国与国之间的关系更加紧密，增强了贸易与投资的纽带，更利于思想的传播和交流。所有这一切对于西方和非西方国家来说都是有益的。

正如应该同时促进内向和外向型投资一样，西方国家不仅应鼓励更多的学生到自己国家学习并定居，还应该鼓励本国的年轻人到西方国家去求学和工作。这是下一章将要讨论的主题。

注 释

1.National Geographic, "National Geographic–Roper Public Affairs 2006 Geographic Literacy Study," available at: http://www.nationalgeographic.com/roper2006/pdf/FINALReport2006GeogLitsurvey.pdf.

2.Raisa Belyavina and Rajika Bhandari, *US Students in Overseas Degree Programs: Key Destinations and Fields of Study* (Institute for International Education, 2012).

3.Ibid.

4.David Smith, "Portuguese Escape Austerity and Find a New El Dorado in Angola," *The Guardian*, September 15, 2012; Alasdair Fotheringham, "Europe's Jobless Flee for New El Dorados," *The Independent*, March 18, 2012.

5.British Council, *Broadening Horizons: Breaking Through the Barriers to Overseas Travel* (London: British Council, 2013).

6.College Board, "Big Future:College Costs: FAQs," available at: https://bigfuture.collegeboard.org/pay-for-college/college-costs/college-costs-faqs; Pew Research, *Is College Worth It? College Presidents, Public Assess Value, Quality, and Mission of Higher Education*(Washington, DC: Pew Research, May 16, 2011).

7.The rankings used for the subsequent discussion were taken from Academic Ranking of World Universities, "Academic Ranking of World Universities—2010," available at:http://www.arwu.org/ARWU2010.jsp; The World University Rankings (*Times Higher Education*), "World University Rankings 2011–2012," available at: http://www.timeshighereducation.co.uk/world-university-rankings/2011-2012/top-400.html;and TopUniversities, available at: http://www.topuniversities.com/.

8.OECD, "Foreign/International Students Enrolled," OECD.StatExtracts, available at: http://stats.oecd.org/Index.aspx?DatasetCode=RFOREIGN.

9.Devex.com, "Candidate Sourcing," available at: http://www.devex.com/en/candidate-sourcing; http://siteresources.worldbank.org/EXTHRJOBS/Resources/1058432-1304013341703/faq.html.

10.African Economic Outlook, available at: http://www.africaneconomicoutlook.org/en/.

11.Jenny C.Aker and Isaac M.Mbiti, "Mobile Phones and Economic Development in Africa," Working Paper 211 (Washington, DC: Center for Global Development, 2010).

12.V.Curtis and S.Cairncross, "Effect of Washing Hands with Soap on Diarrhoea Risk in the Community: A Systematic Review," *The Lancet:Infectious Diseases* 3, no.5 (2003): 275–81.

13.Knight Frank, "The Wealth Report 2012," available at: http://www.thewealthreport.net/.

14.Health Care Cost Institute, "2010 Health Care Cost and Utilization Report," available at: http://www.healthcostinstitute.org/2010report.

15.Bumrungrad International Hospital, http://www.bumrungrad.com/thailandhospital.

16.Aaditya Mattoo and Randeep Rathindran, "Does Health Insur-ance Impede Trade in Health Care Services?" Policy Research Working Paper 3667 (Washington, DC: The World Bank, 2005).

第 8 章
商品、金钱和人口全球化的主要推力
触手可及的全球一体化好处

  尽管更好的国际贸易和金融政策有助于创造就业岗位、降低商品和服务价格以及增强西方国家的经济实力,但这并不是将西方国家生活品质延伸至未来的最大因素。随着越来越多的创造性活动开始向中国这样的国家转移,过度的知识产权标准将会成为美国经济本身前所未有的沉重负担。而阻碍移民也延迟了西方经济复苏的进程,付出的代价将是欧洲和美国就业状况进一步恶化。

 阻碍移民不仅延迟了西方国家的经济复苏进程，也在不断腐蚀它们的企业家与创新精神，社会保障、医疗保险、全面医疗和养老金等项目的可持续性也面临更大风险，同时还将西方国家的债务负担全部压在不断减少的劳动人口身上。

虽然美国对非西方国家的依赖程度已达到前所未有的高度，但因为美国人不像欧洲人那样喜欢出国旅行、求学或工作，所以它依然是全球一体化水平最低的国家之一。举例来说，虽然美国的出口率持续攀升，但世界银行2010年的出口数据显示，在146个国家和地区中，140个经济体的出口占GDP比重要高于美国。美国的出口仅相当于其总产值的13%，排在其后的只有尼泊尔、巴西、海地、埃塞俄比亚和汤加等国；甚至阿富汗的表现都比美国高2%，中国的出口占GDP比重更是美国的2倍，达到30%。

再看投资趋势。世界银行的数据显示，2010年美国境外直接投资的净流出金额达到美国GDP的2.4%。在这个方面，另外20个经济体的数据均高于美国：德国为GDP的3.3%，智利为4.4%，新加坡更是达到9.5%。

在非西方国家经济日益活跃、占全球产值份额不断扩大的背景下，西方国家需要制定一些能增进与非西方国家进行贸易、投资和人员双向流动的政策。即使政府承担着确保下岗工人再就业的主要责任，贸易政策也应为充满活力的双边关系提供支撑，而不是将美国各个行业和城市经济逼入衰退期。方法之一就是扩大内向型投资，而不是通过采用"安全考量"外衣包裹下的保护主义抑制此类投资。更重要的是，既然移民需求依然旺盛，欧美国家就必须放开移民政策，鼓励更多本国公民向外迁移，增强与全球经济的联系。当务之急就是摒弃堡垒心态，建立更加开放的伙伴关系。因为即使西方国家今天不这么做，未来也不得不这么做，而到那时候可就不会再有今天这么多有利条件了。

垄断知识产权有弊端

俄罗斯于 2012 年加入世界贸易组织，自 20 世纪 40 年代起，这一国际性贸易机构就开始致力于通过多轮谈判来削减各国间的关税。在该组织框架下进行的国际贸易占全球贸易的比重，正以每年翻一番的速度增长。正是因为国际贸易组织的存在，全球范围内反对贸易保护主义关税的斗争几乎取得全面胜利。如今，斗争的对象已经转向那些过时的规则，例如许多国家阻碍供应链形成的做法（如 iPad 的制造）：限制贸易领域的人员流动，禁止各公司在不对产品设计、包装进行调整的情况下为多国市场提供同一类产品。身处日内瓦的国际贸易组织谈判代表深知贸易便捷性的问题，所以一旦取得各自国家政府的授权，他们便花大量时间来解决这类问题。

然而，由于各国在农业补贴和知识产权问题上存在分歧，一项本来可以减少贸易壁垒的世贸组织协议被搁置了 10 年之久。而由于美国

和欧洲国家在制定全球协议的过程中已经不再可以随心所欲，它们开始采取退而求其次的策略——与少数国家或在欧美国家之间签订小范围的贸易协定。这类双边协定往往夹杂着一些短视的尝试，如降低规定在海外的执行力度。某些协议还裹挟着特殊的利益条款，这进一步降低了上述协议本已十分有限的价值。以美国近期的双边贸易协定为例，这些协定旨在保护美国国内如高耗油汽车、烟草和武器等产业，在错误的总体方针下采取错误的行动。这一切的努力，只是为了获得几千个完全不具有可持续性的工作岗位，而其长期影响却会严重削弱美国的竞争力。

以烟草行业为例。全球吸烟人群的数量约占成人总人口的1/3，且每年因吸烟导致的死亡人数超过500万人，大于因艾滋病、肺结核和疟疾而死的人口总和。但过去30年来，美国的贸易谈判官员却一直致力于为美国烟草公司打开各国市场，而这些烟草公司则利用同样的市场策略在全球范围内"造就"新一代烟民。在被政府禁止之前，这些策略在美国国内也屡试不爽。根据美国外交关系委员会官员托马斯·勃里基（Thomas Bollyky）的说法，美国过去10年签订的贸易与投资协定全部涉及减少烟草关税和帮助美国烟草公司打入国外市场。

或许你认为，这只是在本国烟草与进口烟草之间建立一种"公平的竞争环境"，但考虑到全球90%的人口都生活在香烟零售税很低的国家，且在香烟销售方面的限制很少，甚至完全没有任何限制，因此，此类贸易改革自然导致吸烟人数的迅速攀升。

就生产力而言，健康也是一种投入，我们希望看到发展中国家市场的增长。因此，如果这类政策导致发展中国家的癌症发病率上升，则无疑是一种缺乏远见的短视策略。

更广泛地来看，符合非西方国家利益的贸易和贸易协议同时也是符合美国利益的。如果美国未来要进入这些市场，就必须拥有更加强势的谈判地位。毕竟，仅在21世纪的第一个十年里，美国和欧盟在世界贸易中所占份额就已经从31%下降至20%。

堡垒思维到底在多大程度上影响美国的贸易观念，与负责移民和海关执法的国土安全部部长助理近日跑到好莱坞的迪士尼摄影棚，宣布镇压全球海盗事件是性质完全不同的两件事。他宣称"国土安全部之所以要保护怪物史莱克，完全是出于美国的国土安全着想，是为了保护美国的利益"。毫无疑问，美国国土安全部的服务器上一定已经下载了怪物史莱克惩罚法克大人的影片。

目前，美国正在敦促其他国家接受一项不但不利于美国国内经济，也将损害其贸易伙伴的知识产权制度。在一个大部分创新来自国外的国度约束技术的跨国流动，这一制度明显不符合美国自身的长远利益。

在美国科技公司和迪士尼公司等"创意公司"的施压下，各国于1994年签署《马拉喀什协定》决定成立世界贸易组织，制定涵盖版权、专利权和商标权在内的重大知识产权保护条款。发展中国家版权和专利权的平均保护期从协定签订之前的4～7年延长至协定生效后的最少20年。

截至目前，在美国电影协会的积极支持下，美国双边贸易协定对于版权期限的要求在世贸组织的原规定基础上又增加了20年。更重要的是，美国过去几年里与韩国、秘鲁和哥伦比亚所签的协定均规定了上述国家应提高各自的知识产权期限。中美洲与加勒比海地区的贸易协定也增加了延长版权和商标权保护期限的条款。

美国的"创意产业"热衷于在全球范围内加强对知识产权的约束，其原因非常明显：确保他们的产品能够长期而且大把地赚钱。迪士尼公司当然希望延长米老鼠的版权保护期限，毕竟这个角色诞生于 70 多年前。这样一来，迪士尼公司通过授予许可权和使用权就能获得大笔意外之财。此外，正像我们看到的那样，对于那些只会大量炮制《超级战舰》等劣质大片的制片公司来说，海外市场正日益成为他们的重要收入来源。

然而，美国电影协会固执地认为，延长知识产权期限符合公众利益，有利于美国和发展中国家的经济增长和国家安全。游说团体赞助了兰德公司一项名为《电影盗版、有组织犯罪和恐怖主义》(*Film Piracy, Organized Crime, and Terrorism*)的研究，该研究认为"恐怖组织利用盗版电影的收入为恐怖活动提供资金"，并以此为由支持加强知识产权法来应对上述问题。美国电影协会的另一份报告甚至认为，实行更严格的知识产权法是全球普及宽带网络不可或缺的条件。

但各类证据并不支持以上说法。虽然合理的知识产权制度有助于创造力的培养，并日益成为出口收入的重要来源，但唐老鸭们喜欢的事情，对于美国或全世界来说并不一定是好事。

目前，要说清楚侵犯版权和商标权所造成的影响并不容易。最近，针对一份有关盗版行为有何影响的学术调查显示：人们即便在回答"文件分享是否会损害音乐著作权所有人利益"这类相对具体的问题时都会给出千差万别的答案。但该调查还发现，消费者获得的好处是显而易见的，而且这种好处大大超过了盗版行为给制作单位带来

第 8 章 | 商品金钱、和人口全球化的主要推力
触手可及的全球一体化好处

的损失。这表明，在当前知识版权保护略显过度的环境下，一定程度的盗版对经济增长是有利的。

无论如何，上述观点是在违反当前规定的基础上，而不是在延长知识垄断期限规定上得出的结果。有关知识产权规定的有利证据并不令人信服。某种程度上对于创意的垄断保护是激发创造力的有效方法，对于西方国家的出口创收也将越来越重要。世界上第一部版权法《安妮法案》规定，版权保护期限为 14 年；然而，支持将这一期限延长至美国当前法律规定的 120 年，其证据非常薄弱。

尽管今天来看，要让女星史诺基（Snooki）产生写作其第一部小说《海岸情事》（*A Shore Thing*）的冲动可能还需要制定更长的知识产权保护期限。但显然，之前的保护期限已经足够调动丹尼尔·笛福（Daniel Defoe）写作《鲁滨孙漂流记》和乔纳森·斯威夫特（Jonathan Swift）写作《格列佛游记》（*Gulliver's Travels*）的积极性了。此外，虽然 20 年的专利权保护期仅是版权保护期的 1/6，但也不妨碍人们发明出各种有趣的新事物。

知识是公共产品，但它不同于始终存在过度放牧威胁的公共用地，它不会出现创意被过度利用的情况。就促进创新而言，版权和专利权绝不是完美的工具，而且版权和专利权被使用得越久越广泛，暴露的缺点就会越多。延长知识垄断期限的弊端在于，它阻碍了除了知识产权拥有者以外的所有人在此创意基础上继续产生新成果。

美国对知识产权的过度保护对美国自身和世界其他国家的创新都是不利的。将这类法律强加给其他国家也会给经济带来深远的负面影响。阿富汗儿童被迫花 15 美元购买正版的《彼得·潘》（*Peter Pan*）

The UPSIDE OF DOWN
Why the Rise of the Rest Is Good for the West

DVD 影碟，而不是去买 5 美元的盗版碟片，这对于阿富汗的经济发展当然不是什么致命之事；它听起来也不是造成该国贫困的基础，对美国的经济增长和生活质量也更不会产生连锁反应。但是，如果迪士尼和好莱坞通过游说行为呼吁普遍实行更为严格的知识垄断，则会在全世界产生广泛的影响。不仅如此，更为严厉的知识产权法律忽视了那些买不起课本、技术手册和期刊文献的人群，而这些资料恰恰是培育创造力的基础。举例来说，来自非洲一些大学的报告显示，他们的学习资料主要是以盗版方式获得的。如果希望在世界范围内看到更多的创新和创意，就需要接触到各种思想，因此全世界都要为知识的传播付出代价。

随着越来越多的创造性活动开始向中国这样的国家转移，过度的知识产权标准将会成为美国经济本身前所未有的沉重负担。毕竟，2015 年获得知识产权的产品要到 2135 年才会解除保护，进入公共领域。到那时候，西方国家只不过是全球创新领域中的一个小角色。这些限制性条款的最大受害者将是制定它们并力图将其变成全球标准的西方国家本身。赶在西方国家的创新能力面临危险之前，现在就是推动全球在一个公平和理性的环境下遵守版权和专利权的最佳时期。

美国的情况实际更为严重。美国贸易政策已经被好莱坞、底特律以及农业和烟草公司的游说团体等特殊利益集团所绑架，而知识产权和烟草不过是这种倾向的两个具体例子。这些特殊利益集团严重削弱了美国消费者从开放贸易环境中获得的潜在好处，妨碍了会带来更多全球贸易协定的建立，而这些协定会带来更多的积极影响，后者是那些目光狭隘的区域或双边协定无法实现的。欧洲的问题和将要承担的后果也大同小异。抛弃世贸组织使得西方国家从整体上丧失了支配地位。

中兴、华为是美国国家安全的威胁吗？

制定一个全球性的自由贸易议程仍然面临一些无法避免的国内问题，它需要的是西方国家政府的参与，而不是达成某种强硬的世贸组织协定。我们需要制定一揽子政策，让工人们能够应对其所在行业中日趋激烈的竞争和技术变革所带来的冲击，包括帮助他们找到新的工作机会。美国联邦政府一直都积极支持此类政策。

麻省理工学院经济学家戴维·奥特尔（David Autor）撰文指出，在帮助人们适应1990～2007年间因进口所导致的激烈竞争上，旨在帮助下岗工人重新获得工作岗位所需技能的"贸易调整援助计划"实际作用不大。他认为，每从中国进口价值1 000美元的商品，每个美国制造工人获得的贸易调整援助总额将增加23%，而每个接受援助的工人，其残疾人社会保障额、实物形式的医疗福利以及其他援助和退休金则共计增加47美元。

总之，这些数据表明，联邦政府每投入400美元，仅有1美元用于帮助工人接受再培训，另外的399美元帮助他们彻底退休养老。

德国的经验告诉我们，这样的事情本不应该发生。沃尔夫冈·多思（Wolfgang Dauth）及其同事为德国劳动研究所撰写的文章研究了该国与东欧和中国不断上升的贸易额。

他们总结道，和美国一样，德国的进口竞争型行业深受失业率

的冲击。但与美国形成鲜明对比的是，这些行业中失去的工作岗位比德国出口导向型企业增加的岗位要少。他们认为，在 1988～2008 年期间，全球贸易一体化为德国制造业创造了 49.3 万个全新的工作岗位。

此外，在那些因进口竞争导致制造业岗位减少的地区，并未出现失业率上升的情况，这一点也与类似处境的美国形成鲜明的对比。德国采取的再培训或帮助工人转向寻求新的就业机会的措施要比美国的"贸易调整援助计划"有效得多。

除了培训和过渡性支持以外，工人还需要有新的工作机会，而对内投资则是创造工作机会的重要方式之一。这就意味着要放弃以"外资公司有可能危及国家安全"为理由对其摆出的强硬姿态。

举例来说，2012 年 9 月 28 日，奥巴马总统阻止了中国三一重工集团投资俄勒冈州的一系列风电项目，理由是该项目太过靠近美国的海军基地。一周后，共和党主导的众议院情报委员会又认为中国的华为和中兴通讯这两家电信公司对美国的国家安全具有潜在威胁。尽管没有发现任何证据，该委员会仍建议政府"终止任何与华为、中兴通讯相关的兼并、收购或合并行为"，并以有可能被中国的情报部门利用为由阻止政府使用上述公司生产的设备。

尽管我们并不希望在敏感的政府通讯系统中使用中国制造的设备，但将这种不信任扩散至中兴通讯和华为公司就实在让美国消费者汗颜。这两家公司都是世界上最具创新能力的公司。

2011 年，在专利申请数量方面，它们分别排在全球第一和第三的位置。世界知识产权组织的统计显示：仅中兴通讯一家公司就申请了

2 826件专利。但对于因受到中国出口竞争冲击而下岗的工人来说，同样应该感到汗颜。毕竟，华为在美国的14个办事处总共雇佣了1 700名员工，并且还向美国的公司采购了价值66亿美元的零部件，而华为在美国的销售额仅为13亿美元；这表明那些想当然地将失业问题扣在华为公司头上的政客实在是找错了对象。

盈利能力越强的企业提供的工作岗位就越多，因此我们应该鼓励国内投资者以向海外投资担保机构提供额外支持的方式多到海外投资，这样做有助于帮助国内投资者对抗海外投资的政治风险。

举例来说，美国海外私人投资公司向想去发展中国家投资的美国公司提供贷款和政治风险保险，其所支持的累计投资金额高达2 000亿美元以上，同时还保持着盈利的状态。通过允许海外私人投资公司支持那些很可能对美国总体就业率有积极影响的项目，而不是支持当前"禁止那些可能通过减少1个工作岗位来创造10个工作岗位的投资行为"的政策，美国国会可以扩大该公司的经营范围。

此外，扩大美国的海外投资组合，不仅能够用我们的钱来增加养老基金和其他机构投资者的投资收益，还可降低投资风险。因此，我们应该摒弃对投资海外的公共养老基金和私人养老基金比例的限制规定。

排斥移民的移民之国

然而，尽管更好的国际贸易和金融政策有助于创造就业岗位、降低商品和服务价格并增强西方国家的经济实力，但这并不是将西方国

家生活品质延伸至未来的最重要因素。因为在创建一个互利交换的全球系统的过程中,我们已经在贸易和金融领域取得了相当显著的进步。而与此形成对比的是,尽管我们在移民政策上的进步有限,但这对于继续保持西方国家经济实力是非常重要的。

就在第一次世界大战爆发前不久,全球贸易额创出了历史最高水平,相当于全世界 GDP 的 20% 左右。如今这一数字又翻了一番,这意味着自 1913 年以来,绝对贸易额增长了 30 倍。今天的资金流动也更加方便。过去,要将财富从一个地方转移到另一个地方,往往需要使用装满达布隆①的船舶来运输,而且还时常面临着海盗袭击和恶劣天气的威胁。但现在我们采用的是电子转账,每天跨国流动资金高达数万亿美元。

现代社会中,每天都有大量的人在进行短期国际旅行。航空运输业每年运送的旅客量达 27.5 亿人次,但每年从发达国家到发展中国家作较久停留的人数还不足 200 万,占发展中地区年人口增长量的 1/34 左右。

与贸易和金融不同,移民发展一直处于停滞状态,与使用马车的那个年代保持同样水平。在第一次世界大战之前的那些年里,平均每年前往美国的合法移民数量超过 100 万,这和过去几年的绝对数量几乎一样。但现在的美国人口已经是 1913 年时的 3 倍,世界其他地区的人口也增长了将近 4 倍。西方国家的政治决策是商品、金钱、观念和人口的相对全球化程度的主要推动力。以商品为例,经合组织国家之

---

① 古西班牙金币。

间的平均关税率从第二次世界大战时期的40%下降至今天的不到4%。考虑到快速下降的物流成本，这一降幅意味着贸易壁垒明显减少。金融方面，我们已经从金融管制转向开放汇率。

然而，说到人口流动，我们却发现西方国家还在不断地设置更多障碍，他们不仅试图用边境铁丝网阻止永久移民，甚至还规定前往海洋世界的游客的停留时间不得超过一周。

这一切都将发生改变。因为随着美国和欧洲人口的老年化，西方国家迫切需要国外年轻人来填补那些岗位空缺，而吸引这些外国人口的竞争将变得日益激烈。

乍看起来，想移民到美国和欧洲的人似乎非常多。多年前，盖洛普的一项调查数据显示，全世界共有7亿人声称，如果可能的话，他们愿意永久移居另一个国家，其中有1.65亿人将美国列为首选目的国。但最近的调查却显示，愿意移民他国的人数已降至6.3亿人，而将美国视为移民目的国的人数则减少到了1.45亿人。将法国、德国、英国或西班牙列为移民目的国的人数共计1.5亿人。

诚然，这1.45亿人大约相当于美国现有人口的一半，但这些人只是说他们希望移居美国，并不是所有人都能如愿以偿；即便完全开放边界，这种愿望也不可能实现。实际上，在全世界6.3亿有移民想法的人中，只有1 900万人真正做了一些必要的准备工作，比如设法拿到签证。

我们从美国复杂的移民签证程序可以看出，真实的移民需求与声称的移民需求之间的差距。该程序涉及一项简单的在线申请流程，然后从所有申请者中抽签决定谁将获得移民资格。2009年，该项目对所有移民水平还未达到很高程度的国家开放。如此一来,符合条件的申请人数量即为巴西、中国、厄瓜多尔、印度、墨西哥、巴基斯坦、秘鲁、菲律宾、波兰、韩国和越南的人口总和,达到近30亿人。但仅仅是提交一份网上申请这个简单的要求就大大地降低了他们的移民兴趣。最终,该项目的合格入围者只有1 210万人,如果将这些人的家属考虑在内,也不过是1 650万人。也就是说,移民申请率只相当于全世界符合资格人口的0.55%,或者说比美国人口的5%略多一点。

当然,连1%都不到的成功率抑制了人们的移民兴趣,但这仍表明,由于高昂的成本、复杂的移民程序、对亲人和朋友的留恋,或者纯粹出于生活习惯等原因,大部分有移民想法的人并未真正尝试去实现他们的愿望。因此,如果美国放宽限制,移民数量肯定会上升,但也绝不会达到趋之若鹜的程度。

实际上,从近期美国非法移民和留学移民的趋势来看,这一问题很快就将变成如何设法吸引美国需要的人才。受"9·11"事件影响,美国经济陷入衰落,入境程序的审批也更加严格。除此之外,美国大学还面临着来自国外大学日益激烈的竞争,在上述因素的综合作用下,申请赴美攻读研究生的国际留学生人数回落至2001~2003年的水平。经合组织认为,从绝对数量来看,2009年美国吸引的国外学生依然排在第一位,占全球留学生总数的18%。但这一比例在2000年时为23%。现在美国大学和学院的在校留学生人数不到经合组织国家平均在校留学生人数的2/3。

威维克·瓦德瓦(Vivek Wadhwa)在其《移民大迁徙》(*The Immigrant Exodus*)一书中指出,大批前往美国接受继续教育的印度和

第8章 商品金钱、和人口全球化的主要推力
触手可及的全球一体化好处

中国籍留学生在获得文凭后，并未留在美国工作，而是返回其祖国，这在以前是从未有过的现象。部分程度上受到近期研究生回国人数比例不断上升的影响，中国和印度移民在硅谷成立高科技创业公司的比例也从2011年的44%降至2005年的52%。中国和印度正处于迅猛发展之中，这里的机会也在成倍增长。与此同时，获得一个理想的美国签证也变得越来越困难。越来越多的国外留学生不禁发问："何苦为难自己？"

有此疑问的不仅是那些掌握高技能的潜在移民，美国在墨西哥边境逮捕的非法移民也达到了自20世纪70年代以来的最低水平。2010年逮捕了超过30万人，但也只相当于2000年非法移民高峰期逮捕人数的1/5。实际上，根据皮尤西裔中心的统计，自2007年以来，非法移民人数一直以每年20万人的速度持续递减。移民数量一路下滑的主要原因是过去非法劳工从事的工作岗位，尤其是建筑业岗位正变得越来越少；而与此同时，国内的就业形势却在逐渐转好。此外，更加严格的执法也是原因之一。于是，我们看到由于采摘工人不足，导致大量庄稼腐烂在佐治亚等州的农田里，造成了数百万美元的经济损失。

除了美国之外，英国也面临着移民倒流回印度的问题。到2015年，估计将有30万在海外就业的印度人返回其祖国。在此期间，吸引新移民的竞争也将变得更加激烈。包括英国、澳大利亚和加拿大在内的一些国家已经开始采取措施，放松对留学生和创新人员的签证限制。许多国家都开始向在本国购买房产的外国人发放居留权，西班牙便是其中之一。这一趋势还只是刚刚开始，对于那些在吸引移民方面落在后面的西方国家来说，在还有能力的时候奋起直追才是明智之举。

既然如此，为何不进一步开放边境呢？主要的反对声来自那些被误导的选民，他们错误地将自己受到的不平等待遇和工作机会减少所导致的愤怒情绪指向移民。而且那些所谓的好心人也要求对那些来自发展中国家、受过教育的工人采取移民限制。他们给出的理由是，这些人移民美国会令他们的祖国陷入贫穷和被剥削的境地。

因此，英国国家卫生署的法令禁止从150个发展中国家招募员工，而美国也有一些类似的要求。但每个人都有离开自己出生地的权利，这些怀有"全球关切的无私思想者"试图无视这一人权的做法是错误的，他们的这套说辞同时损害了富裕国家和贫穷国家的发展前景。

首先，移民在国外赚的钱比在国内多。新西兰怀卡托大学的约翰·吉布森（John Gibson）和世界银行的戴维·麦肯齐（David Mckenzie）提供的文件显示，来自发展中国家的技术移民，其一年的薪资涨幅在4万～6万美元；而这些移民把大部分的金钱都寄回其祖国。美国医学协会的非洲裔会员每年以电汇方式寄回国的钱平均为6 000美元，且一直持续20年甚至更久；这将对其祖国的经济将产生实实在在的影响。联合国贸易与发展大会的一项预测显示，寄往发展中国家的汇款增加一倍，就能使该国的贫困状况减少将近1/3。

其次，移民可以激励派出国的民众接受教育。全球发展中心的迈克尔·克莱门斯（Michael Clemens）认为，并没有证据显示，发展中国家医疗人员的短缺，是其国内"医学人才外流"，即医生和护士移民至发达国家所造成的。这可能是因为移民机会正是最初吸引人们就读医学院的原因之一。多年来，大量护士离开菲律宾到国外就业，但菲律宾人均拥有的护士数量依然高于英国。

当然，许多移民最终还是选择回国。2010 年，全球 46 位在任政府首脑曾在美国接受过教育，这证明美国培养出来的外国人对于美国本身和前往美国留学的人来说都是有价值的。纽约大学的比尔·伊斯特利和弗吉尼亚大学的艾瑞尔·雷谢夫（Ariell Reshef）针对在非洲出口行业取得成功的企业家开展了一次非正式调查；结果显示，许多企业家都具备一个共同之处，即他们都有在国外生活的经历，而且通常是他们产品出口目的地国的生活经历。

"富布莱特计划"

是时候抛弃那些有关移民的误导性的自私想法了。当然，那些反对移民进入的利他主义理由危害更大。这对于美国来说意味着什么？过去的美国人都知道，美国是建立在移民基础上的。没有移民，就没有美国这个世界第一大经济体。摒弃那些基于各种配额限制而胡乱拼凑的制度，遵从诺贝尔奖获得者、经济学家加里·贝克尔（Gary Becker）的建议：设立移民关税。将"我们为技术移民提供 8.5 万个工作机会"的说法变成"我们欢迎每一位移民，只要你有能力向山姆大叔支付 5 万美元，并通过犯罪背景调查"。

如此一来，移民就能充分响应人力市场的需求。如果佐治亚州的农民或硅谷的软件公司发现美国出现明显的劳动力短缺，他们应该向移民发放 5 万美元贷款，让更多的移民前往美国。虽然目前看来，钱都花在了配额制度，特别是各种法律费用上，移民申请人的几万美元都进入了官僚和律师的腰包，但关税收入可通过所得税减免（EITC

177

等举措用于支持低收入美国国民。此举将会减少那些视移民为洪水猛兽的美国民众的反对声音。向 100 万移民（大约相当于美国人口的 0.3%）中的每个人征收 5 万美元的移民关税足以使 EITC 项目的规模扩大一倍。

　　那些反对出售国籍或居住权的人或许应该查阅一下现行法律：现行的 EB-5 签证计划规定，只要参与者投资额达 50 万美元，并创造至少 10 个工作岗位就能取得美国绿卡。此外，两党联立的舒默－李提案还效仿西班牙的模式，为任何花费 50 万美元购买房屋的外国人提供居留签证。由此可见，国会中的共和党和民主党已经为美国制定了某种移民制度，剩下的事情就是讨价还价了。

　　为了确保移民税制度也能为贫穷者提供进入美国的机会，同时考虑到移民在美国拥有合法工作对整个社会的好处，企业可以为移民提供贷款或补助金。或者美国政府可以成立新的发展部门，为来自低收入国家的移民提供贷款融资。不管怎样，收税不应该成为向外国移民提供永久居留权或国籍的唯一方式。例如，已取得美国籍的移民，其配偶和直系亲属当然也应该享有获发绿卡的权利，而留学生和临时工人则应免税。

　　但是，对于一个在世界范围内拥护自由企业制度的国家而言，美国的移民制度看上去似乎是由一个在苏联式计划课程中不及格的学生设计的。在移民问题上，让市场发挥作用并设定一个公平价格将会给美国和全球经济带来巨大的好处。并且随着时间的推移，为了进一步发挥移民对美国经济的作用，政府还应降低移民税的税率。

　　欧洲在拓宽移民进入渠道方面也有两种选择。首先，欧洲可以扩大欧盟的成员国范围；其次，欧盟国家还可以增加向非欧盟国家人民发放签证的数量。相比在现有成员国之间培育一种深厚的联盟关系，在现阶段，上述两种具有很强吸引力的想法对维持该地区长期生活质量而言有着更重大的意义。

阻碍移民延迟了西方经济复苏的进程，付出的代价将是欧洲和美国就业状况进一步恶化。这一政策正在破坏西方的创新和企业家精神，损害的是西方的长期愿景，将社会保障、医疗保险、全面医疗和养老金等项目的可持续性置于更大的风险之中，同时还将西方国家的债务负担全部压在了不断减少的劳动人口身上。如果西方的政治领导人能够很好地了解这一点并向公众清楚地讲出来，移民改革所面临的阻碍就会小很多。

移民反向流动，即西方国家人口外流的情况又如何呢？糟糕的语言能力成了阻碍美国人向外流动的一大障碍。仅有14%的美国人声称他们可以用西班牙语进行交流。而能够使用法语和德国与人交谈的美国人分别只有4%多一点和不到3%，能使用其他语言进行交流的美国人还不到1%。

应用语言学中心的数据显示，1997～2008年期间，美国设有外语教学课程的中小学比例是持续下降的。就中学而言，这一比例从75%降至58%。此外，教授的语种数量也呈下降趋势。1997年，将近一半的美国中学都开设有法语课程，但11年后这一比例降至不到1/4。汉语的情况要好一些，但设有汉语教学课程的中学也仅从1997年的不到1%上升至目前的2%多一点。美国教育部在弥补这一与国民经济增长潜力相关的不足方面发挥着明显的作用。为什么不对开设高中外语课程的州进行补贴呢?

在大学层面,美国留学海外的本科生仅占全球赴海外接受高等教育学生总数的0.4%,而在这些"勇气可嘉"的学生当中,选择前往英国留学的学生接近一半。在英国人每年揽获一半奥斯卡奖,并总能出现在金球奖领奖台上的时代,这样的结果算不上奇怪。进出美国的学生流动性下降将会削弱美国全球贸易、投资和技术交流的能力。

这些情况表明,政府应帮助美国高中毕业生勇敢地奔赴海外留学。为什么不对留学机构参与联邦学生援助项目的要求进行改革,让国外大学为美国学生的学费和生活费提供支持?或者将吉尔曼奖学金①等留学项目的覆盖范围扩大至所有赴海外攻读各层次学位的学生。甚至还有一种最有效的方法:大力宣传大多数发展中国家的法定饮酒年龄是18岁这一事实②。

高等学位方面,2008年,"富布莱特计划"(Fulbright Program)③共资助约6 000名美国学生、教师、专业人才和学者到155个国家学习、教学、演讲和开展研究,并向从国外赴美国进行类似活动的人也提供同样资助。

举例来说,自也门全面启动"富布莱特计划"以来,该项目已经资助了70位美国学者访问也门,同时还有426位也门人来到美国。美国政府每年在每位奖学金获得者身上投入的成本约为3.2万美元。这是与非西方国家建立联系的一种非常廉价且高效的方法,而且和欧洲

---

① Gilman Scholarship,为资助美国本科生出国学习而设的奖学金。
② 美国大多数州的法定饮酒年龄为21岁。
③ 美国一项全球计划,旨在促进美国与世界其他国家的各项交流。

的类似项目一样，该项目的覆盖范围还将得到显著的扩展。是时候壮大美国和平队①与欧洲类似志愿组织的实力了。就像英国的海外志愿服务社一样，美国和平队也培养了数万名真正了解发展中国家生活的美国人，为美国做出了无法估量的贡献。但和平队当前的官方组织模式限制了该组织开展业务的国家数量，减少了对志愿者及相应职位的需求，申请数与接纳数之间的比例仅为3∶1。

由于和平队的性质，该项目的费用也相当昂贵。私营机构的志愿者项目，每年每个志愿者职位的成本为5 000～6 000美元，这仅相当于和平队志愿者成本的10%。综合考虑以上因素，和平队采用"富布莱特计划"模式为海外服务提供资助可能会更有意义。这样一来，和平队可以在不增加预算的情况下迅速扩充，吸引更多的志愿者到更多国家去提供志愿服务。

医疗旅游：一个有利可图的领域

美国人的晚年时光又会怎样呢？我们发现，越来越多的德国退休老人选择在欧洲各国定居，这在某种程度上要得益于德国便捷的福利政策。美国为什么不向德国学习呢？如果美国人可以更方便地将各种退休福利转移到墨西哥或泰国，就能帮助退休老人节约医疗费用，提升他们的生活品质。

促进退休福利的流动性可以节约大笔医疗成本。2009年，美国的

---

① 美国的和平队是美国政府全资赞助的对外国展开公共外交的官方组织，属国务院指导。

医疗保健支出创出了2.5万亿美元的新高,这一数字相当于美国GDP的18%。然而,这笔开支的使用效率却非常低。世界银行的数据显示,哥斯达黎加和美国的平均预期寿命是一样(79岁),但哥斯达黎加的人均医疗支出仅为美国的6%。因此,如果美国联邦医疗保险的受益人到哥斯达黎加定居,或许他们能够以更低的成本享受到与美国同等水平的医疗服务。这样的需求当然是存在的:一项针对定居墨西哥的退休美国人的调查发现,如果联邦医疗保险可以在墨西哥使用,96%的人愿意在那里寻求医疗服务。

美国联邦医疗保险和医疗补助也可以承担美国公民赴海外接受医疗服务的费用和旅行费用。现在,美国军方和退伍老兵的医疗保障计划已经涵盖了到国外治疗的费用,但一般公民还没有如此待遇。同样,欧洲的医疗服务系统也承诺向前往医疗费用更低的国家接受必要手术的国民提供补助。

医疗旅游依然将是一个有利可图的领域。某些费用昂贵的医疗服务往往是长期和终生的;将这类医疗服务外包给其他国家相当困难,因为大多数长期住院的病人都希望离家人和朋友更近一点。而对于那些复杂的治疗来说,最好的医生,或者能够胜任的医生大部分都在美国和欧洲。这也就意味着,即便联邦医疗保险和英国的全民保健制度可以承担海外治疗和旅行的费用,绝大部分医疗开支还是要由国家买单。

尽管如此,政府资助的海外医疗服务还是节约了大笔开支。德勤健康解决方案中心在2008年提出的一份报告对美国的医疗旅游增长进行了预测。最保守的估计是,到2015年,美国人以医疗旅行的方式到国外接受手术的花费将达到 260 亿美元，而如果在美国本土进行手术则要花费 1 950 亿美元。也就是说，医疗旅行帮助美国节约了 1 690 亿美元的成本。

西方国家更加开放的贸易制度，对垄断、吸烟等公害行为的保护程度的降低以及投资和人员的自由流动无疑都将为非西方国家带来巨大的利益。但我们也看到，对非西方国家有利的事情同时也是有利于西方国家的。不管你喜不喜欢，要想维持自身强大的实力，现在的西方国家已经离不开其他国家，也更需要全球合作。虽然西方国家依然占据主导地位，但它们真应该利用这种主导优势，建立一种更加有利于昔日大国和 GDP 排名靠后的其他经济体的全球制度；尤其是美国的政治家们更需要意识到合作带给这个国家的好处要比孤立主义大得多。在下一章节中，我们将就合作问题展开论述。

注 释

1.The World Bank,World Development Indicators, available at: http://data.worldbank.org/indicator.

2.Thomas Bollyky, "Forging a New Trade Policy on Tobacco," Policy Innovation Memorandum 7 (Washington, DC: Council on Foreign Relations, 2011).

3.Shirley Jahad, "Homeland Security Cracks Down on Cyber Piracy," KPCC Public Radio, June 30, 2010, available at:http://www.scpr.org/news/2010/06/30/16776/homeland-security-and-ice-crack-down-cyber-piracy/.

4.Arvind Subramanian, "Medicines, Patents, and TRIPS," *Finance and Development* (March 2004): 22–25.

5.David Kravets, "Hollywood-Funded Study Concludes Piracy Fosters Terrorism," *Wired*, March 3, 2009; Motion Picture Association of America, "Report on Trade Barriers to Exports of US Filmed Entertainment" (Washington, DC: MPAA, 2009).

6.Ruth Towse, Christian Handke, and Paul Stepan, "The Economics of Copyright Law," *Review of Economic Research on Copyright Issues* 5, no.1 (2008): 1–22.

7.Tobias Schonwetter, Jeremy de Beer, Dick Kawooya, and Achal Prabhala, "Copyright and Education: Lessons on African Copyright and Access to Knowledge," *African Journal of Information and Communication* 10 (2009–2010): 37–52.

8.Autor, Dorn, and Hanson, "The China Syndrome."

9.Wolfgang Dauth, Sebastian Findeisen, and Jens Suedekum, "The Rise of the East and the Far East: German Labor Markets and Trade Integration," IZA Working Paper 6685 (Bonn: Institute for the Study of Labor, 2012).

10.U.S.House of Representatives, Permanent Select Committee on Intelligence, "Investigative Report on the US National Security Issues Posed by Chinese Telecommunications Companies Huawei andZTE," October 8, 2012, available at: http://intelligence.house.gov/sites/intelligence.house.gov/fi les/documents/Huawei-ZTE%20Investigative%20Report%20(FINAL). pdf.

11.World Intellectual Property Organization (WIPO), "International Patent Filings Set New Record in 2011," March 5, 2012, available at: http://www.wipo.int/pressroom/en/articles/2012/article_0001.html #annex2.

12.Data from International Air Transport Association (IATA), http://www.iata.org/.

13.Neli Esipova, Julie Ray, and Rajesh Srinivasan, "Gallup World Poll:Young, Less Educated Yearn to Migrate to the US," April 30, 2010, available at: http://www.gallup.com/poll/127604/young-less-educated-yearn-migrate.aspx; Neli Esipova, Julie Ray, and Anita Pugliese, "Gallup World Poll: The Many Faces of Global Migration," International Organization for Migration (IOM) Migration Research Series 43 (2011), available at: http://publications.iom.int/bookstore/free/MRS43.pdf.

14.US Department of State, Bureau of Consular Affairs, "Diversity Visa Program (DV-2011)—Selected Entrants," available at: http://travel.state.gov/visa/immigrants/types/types_5073.html.

15.Karin Fischer, "Foreign Enrollment in US Graduate Schools Remains Flat, Survey Finds," *Chronicle of Higher Education*, November 10, 2009; Organization for Economic Cooperation and Development, *Education at a Glance 2011* (Paris: OECD, 2011).

16.Vivek Wadhwa, *The Immigrant Exodus: Why America Is Losing the Global Race to Capture Entrepreneurial Talent* (Philadelphia: Wharton Digital Press, 2012).

17.Jeffrey Passel, D'Vera Cohn, and Ana Gonzalez-Barrera, "Net Migration from Mexico Falls to Zero—and Perhaps Less" (Washington, DC: Pew Hispanic Center, April 23, 2012).

18.NHS Employers, "List of Developing Countries," April 16, 2013, available at: http://www.nhsemployers.org/RecruitmentAndRetention/InternationalRecruitment/Code-of-Practice/Pages/developing-countries.aspx.

19.Gibson and McKenzie, "Eight Questions About Brain Drain"; United Nations Conference on Trade and Development, *Impact of Remittances on Poverty in Developing Countries* (Geneva: UNCTAD, 2011).

20.Docquier and Rapoport, "Globalization, Brain Drain, and Development";

Michael Clemens, "Do Visas Kill? Health Effects of African Health Professional Emigration," Working Paper 114 (Washington, DC: Center for Global Development, 2007).

21. Antonio Spilimbergo, "Democracy and Foreign Education," Working Paper 5934 (Washington, DC: International Monetary Fund, 2007).

22. William Easterly and Ariell Reshef, "African Export Successes," Working Paper 16597 (Cambridge, MA: National Bureau of Economic Research, December 2010).

23. Chris McComb, "About One in Four Americans Can Hold a Conversation in Another Language," Gallup News Service, April 6, 2001, available at: http://www.gallup.com/poll/1825/about-one-four-americans-can-hold-conversation-second-language.aspx.

24. Nancy C.Rhodes and Ingrid Pufahl, "Foreign Language Teaching in US chools: Results of a National Survey" (Washington, DC: Center for Applied Linguistics, 2010).

25. US Department of State, Bureau of Educational and Cultural Affairs, "The Fulbright Program," available at: http://fulbright.state.gov/uploads/ce/34/ce34fcd6b62b90e41d83d2b77ba1040d/2008-2009-Fulbright-Annual-Report.pdf.

26. Deloitte Center for Health Solutions, "Medical Tourism: Consumers in Search of Value" (2008), available at: http://www.deloitte.com/assets/Dcom-unitedStates/Local%20Assets/Documents/us_chs_MedicalTourismStudy(3).pdf.

The UPSIDE OF DOWN

第 9 章

多边主义：可持续增长和稳定的切实途径

担负起全球共同进步的责任

　　为了以低成本维持更大的控制权，西方国家政府一直在弱化包括国际货币基金组织在内的全球性金融机构的力量。实际上，要对崛起中的经济大国形成约束，美国必须对各大国际体系持接纳态度，增强全球性合作并遵守国际规范，只有这样才能牢牢地将中国、印度和巴西控制在一个对西方国家至关重要的、开放的经济体系当中。

 美国和欧盟的在全球经济排名中的领先地位维持不了太久,应该利用所剩无多的时间来建立更稳定、公平的全球经济秩序。因为很可能过不了多久,排名靠后的国家将变成西方国家自己。

"慷慨"的多边政策

普通的美国人,大多都乐意参与各种能让世界变得更和平的非军事多边活动。40%的美国人认为美国过度依赖军事实力来实现外交政策目标,持相反态度的人则仅有10%。从一个反映美国签订国际协议意愿的数据调查来看,70%的人认为美国应该成为国际刑事法院的成员国。

这些意见仅反映了长期以来美国社会的主流态度。在过去,出于利己目的而在全球建立广泛的伙伴关系一直是美国决策者的标准做法。在马歇尔计划[①]、国际货币基金组织、世界银行以及美国主导的降低关税和配额的贸易谈判背后,是"其他国家的经济发展会对美国有利"的深刻洞见。从传统贸易理论来看,尽管美国在全球经济中发挥着极

---

① The Marshall Plan,是二战后美国对被战争破坏的西欧各国进行经济援助、协助重建的计划,对欧洲国家的发展和世界政治格局产生了深远的影响。

第 9 章 多边主义：可持续增长和稳定的切实途径
担负起全球共同进步的责任

重要的作用，征收关税也有利于美国经济，但在 1945～1975 年期间，美国针对应税商品的平均税率还是从近 30% 下降到了 8% 左右。这些"慷慨"的多边政策均来自同一认识：一个建立在全球强大合作体系基础上的稳健的全球经济体是符合美国长期利益的。

此后，美国还以同样的理由为成立欧洲煤钢共同体（European Coal and Steel Community）提供了支持，该组织正是欧盟的前身。某些人担心欧盟会成为美国的竞争对手，但一个强大、稳定的欧洲为美国的经济和安全带来的好处超过了上述担忧。对于依然被视为全球唯一超级大国的美国而言，从不久前的多边主义政策转向如今因联合国的"黑色直升机"阴谋①而对执行国际协定怀有偏执型的恐惧心理，这是一种非常不利的转变。

多边主义才是未来更明智的选择。要对崛起中的经济大国形成约束，美国必须对各大国际体系持接纳态度，增强全球性合作并遵守国际规范，只有这样才能牢牢地将中国、印度和巴西控制在一个对西方国家至关重要的、开放的经济体系当中。美国和欧盟在全球经济排名中的领先地位维持不了太久，应该利用所剩无多的时间来为排名靠后的国家建立一个稳定、公平的全球经济秩序。因为，很可能过不了多久，排名靠后的国家会变成西方国家自己。

从以下两个案例可以看出，美国政府还远未理解多边主义政策的好处。2012 年，美国参议院投票否决了联合国的《残疾人权利公约》。这项已在全球 126 个国家获得批准的公约旨在保护全球 7 亿残疾人免

---

① 20世纪90年代，曾有传言称联合国派遣黑色或无标志的直升机对美国进行侦查，后来在相关政治圈子中，被作为军事战略部分或全部美国的一种符号或警告标志。

遭歧视，改善他们的受教育、无障碍环境和就业机会。该公约吸收了具有开创性意义的1990年《美国残疾人法案》中的表述和理念。或许这正是美国商会对该公约钟爱有加的原因。他们对1990年的《美国残疾人法案》是持反对态度的，但该商会仍乐观地希望这项全球公约能将美国企业遵守公约的成本转嫁到其他国家的企业身上。尽管如此，出于对联合国的顾虑，这项公约依然未能逃过在参议院流产的命运。

另一个例子是1994年生效的《联合国海洋法公约》。该公约针对海底采矿权和公海中的航线等海洋活动做出了规定。《联合国海洋法公约》获得了161个国家的批准，但美国依然不在此列，尽管美国商会、全国制造商协会和自基辛格以来的历任国务卿，以及五角大楼的几乎每一位军官都希望美国能够签署这项公约。如果美国批准该公约，结果之一是处于美国司法管辖权下410万英里的海底将受到保护。同时，签署该公约还将使美国企业在大西洋部分区域的采矿和钻探权利获得更多保障。然而，在此事件中，美国参议院顽固的堡垒思维再一次成为阻碍。

这两个案例仅只是冰山一角。美国对涉及妇女权益和排雷行动的一系列国际协议和公约都持支持态度，但最终却因签订这些协议就必须接受联合国约束的考虑而放弃。被这座"冰山"冻结起来的还包括与国际贸易、全球金融体系和环境相关的协定。联合国立法者毫不妥协的态度也令所有国家都无法推卸其应承担的最大道德责任：通过消除导致绝对贫困的根源，从而让全世界每个人都能从全球财富增长中受益。

这样的态度也必须有所改变，多边主义的解决办法才是保证全球可持续增长和稳定的切实途径。非西方国家一直以来都在持续开放贸易，为国际金融体系提供资源、援助和进行可再生资源投资。美国和欧洲应抓紧时间锁定那些表现良好的国际公民。西方国家应该利用对这些国际机构的控制权来换取非西方国家支持通过多边途径解决未来问题的承诺。

谁操纵了国际货币基金组织？

就贸易而言，西方国家在全球贸易活动中主要强调的是特殊利益：农业游说团体整天想着拿到那数十亿美元的农业补贴，创意产业则沉溺于垄断知识产权中不可自拔。然而，目前最迫切的任务是调整世贸组织规定，以真实地反映全球贸易的现状——生产链的形成和不断增长的服务贸易。由于生产链是跨地区的，因此在区域性的贸易环境下根本无法解决全球性的问题。

服务贸易的增长与人员流动关系尤为密切，提供跨国咨询服务的公司往往都需要员工在各国之间移动。当然，正如美国和欧洲国家限制此类人员的流动一样，非西方国家也会这么做。这表明，或许现在正是启动临时跨境迁移多边谈判，并着眼于达成若干已处于世贸组织总协议下的贸易与投资协定的时候了。鉴于全球人口迁移压力主要来自非西方国家向西方国家流动的事实，现在启动此类谈判也是出于欧美国家自身利益的考虑。正如在各国都将打入美国市场视为最终目标的年代，美国在关贸总协定下启动了多项国际贸易谈判一样，如果西方国家现在就临时跨境迁移举行谈判，那么它们将会处于更加有利的谈判地位。

在此时，西方国家顽固恪守以前的特权承诺，只会阻碍全球金融体制的稳定发展。为了以低成本获得更多控制权，西方国家政府一直在弱化包括国际货币基金组织在内的全球性金融机构的力量。西方当然需要一个强大的国际货币基金组织帮其解决财政金融部门的困境，比如向希腊、爱尔兰和葡萄牙贷款 1 030 亿美元以阻止它们破产，挽救几近崩溃的欧元；但它们更需要在非西方国家主导地位日益上升的环境下，国际货币基金组织能确保全球化趋势在公平的基础上持续发展。举例来说，如果美国政府正在寻求一种强大的国际管理工具，助其应对人民币被低估的问题，就必须增强国际货币基金组织的权力。

强大的国际货币基金组织无疑会给世界各国带来各种好处；在国际社会试图通过平衡各国在该组织理事会的投票权，以便更好地反映全球经济状况，继而增强这个它们倾心建立的组织的合法性和权利；然而，欧美国家却在妨碍这种努力。和上市公司一样，国际货币基金组织通过投票进行决策，新兴国家和石油生产国拥有足够的资金来增加投票权，欧美国家不希望放弃这一权利，但又不愿意拿出更多钱来获取更多投票权。这就像一个只想取得公司控制权却毫不关心公司发展的白痴风险资本家一样，西方各国宁愿控制一个弱小的国际货币基金组织，也不愿通过出让投票权来形成一个规模扩大的国际货币基金组织，即便它们如此行事只会导致该组织所有国家的价值大大降低。

即便经过艰难调整，现在的投票权分配情况仍然显得明显过时。如果采用以购买力平价换算的 GPD 来衡量，巴西、俄罗斯、印度、中国和南非等金砖国家和欧盟的经济规模不相上下。然而，欧盟在国际货币基金组织拥有29%的投票权，金砖国家却仅占14%。如果用GPD来衡量，国际货币基金组织报告指出，按照新提出的计算公式来计算，2009年美国GDP占全球GDP的20.4%，在该组织中拥有17.4%的投票权，而中国GPD占全球比重为12.6%，却仅拥有6.4%的投票权。

于是，因弱小而无法投入更多资源，但又害怕失去投票权的"鸵鸟"政策只能一直延续下去。任何针对国际货币基金组织投票制度的改革提案，或真实反映经济权重和关切世界最贫穷国家投票权的重大改革，都会牵涉到美国丧失其在理事会决策中的否决权问题。除此以外，西方国家或许还不得不改变一个排外性的现状，即担任国际货币基金组织总裁的通常都是欧洲人。但是，对于欧洲来说，弱小的国际货币基金组织将是一个直接而致命的威胁。例如，即便在旧的投票制度下，这一次国际货币基金组织或许有可能借到足够的钱来避免欧元崩溃，但下一次危机爆发时又该如何呢？假如欧洲放弃担任该组织最高领导人的做法，以此换取国际货币基金组织的扩张，这个代价其实并不算大。

类似国际货币基金组织的例子还有很多，在这些国际组织中，西方国家既想维持自身的绝对影响力，又不愿意共享与其地位相称的资源。2010年，在世界银行的软贷款部门国际开发协会启动的新一轮融资中，美国提供的贷款占总贷款金额的12.1%，英国和日本分别为12%和10.9%，而经济规模相当于美国的1/19的加拿大却贡献了4.1%，相当于其前者GPD的3倍。即便如此，美国依然保住了在世界银行理事会中的否决权，同时还把控住世界银行总裁的任命资格。西方国家应该认同印度和中国等新兴经济体的看法：为国际开发协会贡献的资金越多，就能获得更多投票权。

碳排放，更多责任在西方

在全球环境保护方面，非西方国家同样发挥着不可或缺的作用。尽管中国目前是全球温室气体排放最多的国家，但人均碳排放量仅略高于瑞典。俄罗斯的人均碳排放量远远高于法国、德国和英国。然而，面对气候变化的问题，发达国家应该承担最大的责任，因为西方国家的人类活动向大气中排放的二氧化碳是最多的。我们看到，美国的个别州、欧盟以及全球各发展中国家通过局部协调机制取得了很大改善。但最好的办法还是签署一份多边协定，通过协议来明确发达国家在降低温室气体排放方面应该承担的责任，同时强调发展中国家重要的参与作用。

无论老牌富国还是新贵国家，在制定全球性环保政策方面还需要做出更多努力。20国集团领导人已带头同意削减化石燃料补贴。国际能源机构认为，直到2035年以前，取消这类补贴每年将减少24亿吨的碳排放量，相当于将全球平均气温增幅控制在2摄氏度以下时所要求减少的碳排放总量的一半左右。

目前，经合组织富国俱乐部通过税收减免和优惠获取土地等方式，为化石燃料提供的间接补贴在450亿～700亿美元。举个例子，过去30年来，仅美国联邦政府在竞争力缺乏的情况下拍卖蒙大拿州和怀俄明州粉河盆地的采矿权就花去了纳税人300亿美元，相当于联邦政府向太阳能板生产商 Solyndra 提供的贷款担保的 60 倍；2012 年，Solyndra 公司因申请破产而引发轩然大波。

与此同时，在气候持续恶化、食品价格攀升的背景下，管理美国的生物燃料生产只能通过限定燃料中乙醇最小浓度来监管。2008 年，美国在乙醇生产中消耗了 8 000 万吨玉米。联合国粮农组织估计，到 2018 年，生物燃料产量增长一倍，到那时粮食的价格将上涨 14%。

美国商务部的反倾销投诉以及对中国进口太阳能板征收 30% 的关税等做法也是一种非常短视的行为。美国拥有得天独厚的气候和经纬度优势，适合安装太阳能电池板的地区远多于包括德国在内的许多经合组织成员国，但美国的太阳能发电量却落后于上述国家。

作为全球协议的一部分，美国应坚持能源改革，大幅减少温室气体排放。而作为一个整体的西方国家也应践行承诺，承担发展中国家使用可再生能源的部分成本。毕竟，它们是在要求贫穷国家为了拯救属于全人类的威尼斯、珊瑚礁和北极熊等资源，而选择一条更为困难的发展道路。反过来，西方国家还可以要求非西方国家坚持走低碳增长的道路，这是防止未来气候变化失控的必经之路。

仅靠援助资金能解决贫困问题吗？

非西方国家崛起还有另一个好处：需要接受大量发展援助的国家变少了。2000～2010 年，被世界银行列为年均收入不足 1 000 美元的低收入国家从 63 个减少至 35 个。全球发展中心的托德·莫斯（Todd Moss）和本·莱奥（Ben Leo）认为，从现在起到 2025 年，年均收入在 1 165 美元以下的国家（目前已停止接受世界银行的低息国际开发协会贷款）将从 68 个减少至 31 个，即从 30 亿人口减少至 10 亿人口。长期来看，这将释放出更多资源来支持发展中国家采用清洁能源。

然而，提升发展中国家的经济和教育水平，促使它们走上可持续的繁荣之路，这也是西方国家的重大利益所在，因此富裕国家应该尽一切努力，鼓励世界上最不发达国家都坚持走可持续发展道路。每年全世界依然有数百万儿童死于原本很容易预防的疾病，这不仅是一场道德灾难，而且随着疾病在国际扩散，会导致发展中国家的发展速度放缓，最终影响到全世界人类生活质量的提高。

要使贫穷国家变得富裕起来，最有力的手段已在前面章节讨论到：开放贸易、金融、移民，鼓励思想的自由流动。援助项目的作用虽然十分重要，但我们也必须认识到它的局限性。经合组织的数据显示，2010 年，美国对外援助金额达到 300 亿美元，大约相当于美国 GPD 的 0.2%。根据世界银行的统计，同一年中低收入国家的 GDP 大约是 20 万亿美元，这表明美国的援助约占所有发展中国家 GDP 的 0.15%。受援助国家获得的援助资金平均还不到这些国家经济总量的 1/600，既不可能用来实现和平、民主，也不能用来开放市场，以期经济更快地增长。

但这并不是说援助没有意义。只要使用方式恰当，经济援助也能取得很不错的效果。这些援助拯救了数千万人的生命，为数千万儿童提供了受教育的机会，建造了为无数人服务的供水和污水处理网、公路网和电力网。过去十年来，非洲儿童死亡率的快速下降就是最好的证明。以肯尼亚为例，5 岁前死亡的儿童比例从 2003 年的 12% 下降

第9章 多边主义：可持续增长和稳定的切实途径
担负起全球共同进步的责任

至2008年的7%；由于过去这段时期死亡率不断下降，今年出生的6.3万名肯尼亚儿童的预期寿命能达到50岁。世界银行的研究表明，经杀虫剂处理过的蚊帐可以有效对抗疟疾，这种蚊帐的普及为死亡率的大幅下降做出了巨大贡献。联合国儿童基金会的数据显示，在撒哈拉以南的非洲地区，蚊帐的使用量从2005年的560万顶上升至2010年的1 450万顶。大多数蚊帐都是通过各种国际援助项目提供的。

但是，大部分援助项目的效果并没有这么好；部分原因在于，很多我们向发展中国家或贫困国家提供的物资都是我们所不需要的，比如多出的粮食、穿过的T恤以及强加给他们的建议。新的援助模式应该是与其他国家合作，为世界最贫困的国家提供他们迫切需要的资金，用于购买特定的公共产品，如疫苗和受教育机会；或服务于特定人群。

一位不愿透露姓名的援助工作人员在其博客中设立了"SWEDOW援助奖"(Stuff We Don't Want，不需要的捐助)，以讽刺慈善与援助机构总是将本国不需要的物品"捐献"给发展中国家。第一个获得该奖的援助机构是"非洲短裤"，这是一家向撒哈拉以南地区捐献"八成新"短裤的组织。但是，在更广泛的捐助项目中，"不需要的捐助"却是最多的捐助物品。或许所有"不需要的捐助"都来自一个价值高达20亿美元的美国食品援助计划，这个颜面扫地的援助计划之所以还未被取消，唯一的原因就是受到了来自大型农业企业的游说势力的影响。

据美国研究援助项目的学者约翰·诺里斯(John Norris)和康妮·维莱特（Connie Viellette）报告，美国应对人道主义灾难而运往海外的援助食品通常在危机爆发后的4～6个月到达。美国联邦审计总署认为，如果在当地采购援助食品，价格将便宜25%，运输时间也仅相当于从

美国出发所需时间的1/4。在饥荒爆发时,哪怕食品只是更早一点到达灾民手中,那也有着重大意义。阿玛蒂亚·森(Amartya Sen)的研究最后指出,**很少有人纯粹因为国内食品匮乏而饿死,买不起食物才是他们的死因。因此,捐钱比捐食品的效果要好多了。**

很多捐助现金的发展援助也是以改革作为交换条件的。例如,要想拿到钱就必须削减公务人员的工资。来自收费昂贵的咨询机构的政策建议和有关援助资金的政策条件也是另一种形式的"不需要的捐助"。根据纽约大学比尔·伊斯特利(Bill Easterly)对"政策性贷款"的分析,向贫困国家的部长和民间团体提供不需要的政策建议就如同就个人的穿衣选择或职业选择提供多余的建议一样。即使这种建议有可能与项目援助资金捆绑,但建议本身通常不会引起被援助国的重视。

另一方面,历史经验反复告诉我们,如果向贫困人口提供现金援助,他们会将这些钱用于改善伙食,送孩子接受教育或者支付医疗费用;这是帮助他们发展的一种有力手段。因此,捐助食品和发展建议与捐助衬衫、鞋子甚至二手短裤是一样的,我们的第一个问题就是:为何不直接向他们捐钱呢?随着世界范围内绝对贫困人口的日益减少以及直接面向贫困人口服务的科技手段越来越先进,直接向日收入1.25美元以下的人口捐助现金将是更有效的做法。

布鲁金斯学会的学者劳伦斯·钱迪(Laurence Chandy)和杰弗里·格茨(Geoffrey Gertz)认为,如果我们在2005年时向全球每一个贫困人士精准而直接地提供收入援助,让他们的日均收入提升至1.25美元以上,所需的总费用是960亿美元。到2010年,随着贫困人口数量的减少,这一花费降至660亿美元。出于不准确的目标定位和方案

第9章 多边主义：可持续增长和稳定的切实途径
担负起全球共同进步的责任

成本考虑，如果将这一费用增加一倍，则大概相当于目前全球援助资金的总和。而发展中国家也在持续发展中，因此帮助贫困人口摆脱赤贫状态的成本还会进一步下降。

当然，贫困问题不仅指的是缺钱。国际社会在儿童疫苗接种和使用蚊帐预防疟疾方面所取得的巨大进步表明，非收入性的援助同样重要。这也是我们应该将物品援助改为现金援助的原因之一。

例如，与提供疫苗和疫苗接种方案相比，更好的方法可能是告诉当地政府："如果我们通过独立调查发现，你们将儿童疫苗接种率从50%的基数水平提高至60%，就向你们捐助1亿美元。如果提高至70%，就捐助2亿美元。"这种援助模式被称为"货到付款"援助计划，即被援助国实现目标就可获得相应援助资金。而捐助人也可以确定他们的援助资金是有效果的，因为只有达成了某个目标，他们才会兑现援助款。如此一来，被援助国政府就可以自由探索达成目标的最有效的方法。

在不增加援助预算的情况下，从SWEDOW的援助模式向直接捐助现金或通过提升政府服务来改善贫困人口的生活质量转变，将会大大提高捐赠资金的回报率。此外，我们还可以向诸如可再生发电和新型疫苗等领域的新技术创新和试验提供支持。这种援助模式不仅可以终结人类绝对贫困这一痼疾，还能大大改善全球人口的生活品质，让每个人都受益。如果欧美国家承诺支持世界银行或其他多边援助机构的此类援助政策，作为投票权改革的一部分，包括中国在内的新援助国也更加具备参与援助的动力。

在国际交往日趋和谐的背景下，近期的美国国家安全评估更侧重

于强调疾病和气候变化等全球性的非军事威胁。但是，2011年美国军费开支达7 680亿美元，而美国国务院、美国国际开发署和其他各种外交政策项目的总开支仅有550亿美元。是时候重新评估各项财政预算的优先级别了。将部分国防开支用于某些高回报的开发和持续性项目，尤其是用于防治传染病扩散和帮助发展中国家走上低碳发展之路的努力，将会大大降低欧美面临的国家安全威胁，同时还能增强全球经济能力，让每一个人都受益。

西方国家依然是这个地球上最富裕的地区，美国也依然是全球最大的经济体。他们应该为大气中所含的大部分温室气体负责，他们拥有全世界最多的富裕人口，而且还在以不可持续的方式继续消耗地球资源。非西方国家固然应该付出努力，但西方国家仍然应该负起主要责任。这并非一种麻烦的领导责任，原因有二：其一，西方并不需要付出高昂的代价；其二，负起责任将会让西方国家的国民生活质量进一步提高。而如果西方国家选择推卸这一责任，他们的生活质量就更不可能达到这一水平了。

注 释

1.Chicago Council on Global Affairs, "Chicago Council Surveys: Foreign Policy in the New Millennium" (surveys released September10, 2012), available at: http://www.thechicagocouncil.org/files/Surveys/2012/files/Studies_Publications/POS/Survey2012/2012.aspx.

2."World Carbon Dioxide Emissions Data by Country: China Speeds Ahead of the Rest," posted by Simon Rogers and Lisa Evans on Datablog: Facts Are Sacred, *The Guardian*, January 31, 2011, available at: http://www.guardian.co.uk/news/datablog/2011/jan/31/world-carbon-dioxide-emissions-country-data-co2#data.

3.Duncan Clark, "Phasing Out Fossil Fuel Subsidies 'Could Provide Half of Global Carbon Target,'" *The Guardian*, January 19, 2012.

4.OECD, "Inventory of Estimated Budgetary Support and Tax Expenditures for Fossil Fuels," available at: http://www.oecd.org/site/tadffss/48805150.pdf.

5.John Baffes and Tassos Haniotis, "Placing the 2006/08 Commodity Price Boom into Perspective," Policy Research Working Paper Series 5371 (Washington, DC: The World Bank, 2010).

6.Todd Moss and Ben Leo, "IDA at 65: Heading Toward Retirement or a Fragile Lease on Life?" Working Paper 246 (Washington, DC: Center for Global Development, 2011).

7.OECD, "OECD Data Lab," available at: http://www.oecd.org/statistics/.

8.G.Demombynes and S.Trommlerova, "What Has Driven the Decline of Infant Mortality in Kenya?" Policy Research Working Paper 6057 (Washington, DC: The World Bank, 2012); UNICEF, "UN Commission Sets Out Plan to Make Life-Saving Health Supplies More Accessible" (press release), September 26, 2012, available at: http://www.unicef.org/media/media_65942.html.

9.John Norris and Connie Viellette, "Five Steps to Make Our Aid More Effective and Save More Than $2 Billion," *USAID Monitor* (Washington, DC: Center for Global Development, 2011).

10.Sen, *Poverty and Famines*.

11. William Easterly, "What Did Structural Adjustment Adjust? The Association of Policies and Growth with Repeated IMF and World Bank Adjustment Loans," *Journal of Development Economics* 76, no.1 (2005): 1–22.

12. Joseph Hanlon, Armando Barrientos, and David Hulme, *Just Give Money to the Poor: The Development Revolution from the Global South* (Sterling, VA: Kumarian Press, 2010).

13. Chandy and Gertz, "Poverty in Numbers."

The UPSIDE OF DOWN

第 10 章

理性繁荣：从全球进步中获得更多幸福

生活质量才是持续发展的关键所在

生活质量方面的优势才是西方国家持续发展的关键所在。全球进步和更高质量的生活还面临着许多潜在的威胁，我们必须通力合作，带着紧迫感和决心去应对这些问题。但西方决不可将发展中国家持续的经济和社会进步视为威胁。相反，这是一个巨大的机会，西方国家应该尽一切努力去培育和支持发展中国家。

 一个地区受过大学教育的居民集中度提高10%，该地区的就业增长率就会上升0.8%；而拥有更多酒吧和餐厅的城市，就越能吸引更多生产效率更高的人群，因而增长速度更快。由此可以看出，城市便利设施对于增长而言至关重要：生活质量才是经济发展的重要因素。

繁荣的秘密

在2012年共和党全国代表大会期间，新泽西州长克里斯·克里斯蒂（Chris Christie）呼吁"打造第二个美国世纪"。作为各国争相模仿的偶像，美国保持甚至提升了自己在全球的声誉。从这个意义上说，我们确实有理由说，21世纪仍然是一个"美国世纪"。将来，美国可能不再是世界最大的经济体；但到21世纪末，美国依然会是全球最适宜居住的地方之一。欧洲同样有类似的机会。诚然，与20世纪战火纷飞、四分五裂的欧洲相比，21世纪的欧洲生活品质大为改观，这是一个和平且不断扩大的欧洲共同体。

为了实现这一目标，我们应该专注于打造一个充满活力的经济体。过去数十年来，为何有些国家或地区的城市在发展，而另一些却在走向没落？通过研究这一问题，西方国家的领导人可以学到一些东西。芝加哥大学经济学家杰西·夏皮罗（Jesse Shapiro）针对美国增长较

第 10 章 理性繁荣：从全球进步中获得更多幸福
生活质量才是持续发展的关键所在

快的城市进行了研究。他发现，一个地区受过大学教育的居民集中度提高 10%，该地区的就业增长率就会上升 0.8%。因此，他认为一半以上的增长要归功于这些地区的大学毕业生所带来的生产力增长。但是，另外 40% 的增长则来自这些毕业生改善城市生活质量的需求。简而言之，夏皮罗认为，拥有更多酒吧和餐厅的城市的增长速度更快。

哈佛大学的艾德·格莱泽（Ed Glaeser）及其同事也有相似的发现：20 世纪前 25 年里，人口增长较快的美国城市拥有的现场表演场地和餐厅数量也更多。他们还发现，长期来看，城市便利设施对于增长而言至关重要，这一点对于欧洲和美国同样适用。从中我们可以得到经验：生活质量才是经济发展的重要因素，因为宜居之地才能吸引生产效率更高的人群。

对于西方国家来说，这是一个潜在的好消息。因为与任何地方、任何时代相比，今天的美国都是最适合人类居住的地方。世界上还有太多人生活在贫困与病痛之中，太多人因为得不到机会而发愁；但在美国，即便是中产阶级人群也能买得起工作单位附近社区的大房子。那里有良好的治安，一流的公立学校，附近还有风景如画的州立公园和联邦公园。通常情况下，你的邻居会是一个友善而不带任何偏见的家伙。当你的家庭喜添新丁时，这位邻居还会给你送来晚餐。尽管人们对华盛顿至纽约的列车上糟糕的无线网络和芝加哥奥海尔机场频繁误点的航班满腹怨言，但美国的基础设施总体上还是很好的。

例如在美国你鲜少会遇到严重的交通堵塞情况。或许部分因为良好的交通管理，美国的城市也鲜少看得到雾霾。美国的法律制度健全，不会频繁改动。美国城市的大街上治安良好，虽然还有少量枪支在民

众中流通。政府可能会审查你的社交网络信息，但你绝不会因言获罪。人总是很容易忽略正在享受的巨大幸福，在如今的美国，美国人可以自由地信仰宗教，自由地与所爱的人结婚，还可以拎一款男士皮包，而不用太过在乎别人的看法。

这样的生活，在欧洲也是可以实现的，只不过相较而言会有一些小小的差异，例如那里的房子和公园可能更小、更旧一些，而邻居也更多，上下班的距离更短，公共建筑的历史更久，假期更长，还有非常健全的全民医疗体系。虽然其他国家的生活质量有所改善，但对于那些有移民想法的人来说，美国和欧洲仍然是最具吸引力的地方。

生活质量方面的优势是西方国家持续发展的关键所在。凭借这一优势，欧美国家可以继续引进具有良好技能和才华的年轻人。这正是盖普洛调查将美国列为潜在移民的首选国的原因，而紧随其后的则是一些欧洲国家；而那也是全球的超级富豪们普遍钟情西方国家城市的原因。

移民限制与经济活力呈正相关

我们再次看到，只要西方国家放宽移民限制，就能将其生活质量的优势转化为经济的活力。此外，只要西方国家继续改善本国居民的生活质量，这一优势还能得到进一步的开发。

虽然国内政策和成为第一经济体的关系不大，但这些政策却能在很大程度上影响到一个国家的教育、健康、犯罪率、失业率、社会公平和其他一系列生活质量指标。因此，为了让经济在未来更有活力，

第 10 章 | 理性繁荣：从全球进步中获得更多幸福
生活质量才是持续发展的关键所在

西方国家应该始终关注生活质量的问题。

美国在改善普通居民的生活质量方面大有可为。国会预算办公室的数据显示，1979～2007 年，美国 1% 的最富人口税后收入增长了 275%，但同期内 1/5 最贫穷人口的税后收入仅上涨了 18%。实际上，美国 1999～2010 年的收入中值下降了 7%。

按照一系列非产出指标衡量，对于普通美国人来说，1999～2010 是一个糟糕的十年。不仅如此，有证据显示，美国的人口结构也在恶化。2013 年，7% 的美国人处于失业状态。这其中，0.7% 的美国人是服刑人员，还有 28% 的人未拿到高中文凭；这些现象是有相关性的。纽约大学经济学家比尔·伊斯特利认为，中等收入人群占比越高，则国家的健康状况、教育水平、稳定程度和增长速度就会更好。

因此，无论富裕国家还是贫困国家，解决不平等问题是改善总体生活质量的关键。有证据表明，收入不平等与特权阶层的存在和机会不均等紧密相关。反过来，这也意味着太量不必要的人才和生产力损失。美国圣塔菲研究院经济学家萨缪尔·鲍尔斯（Samuel Bowles）和赫伯特·金迪斯（Herbert Gintis）对美国 10% 的最贫困家庭的儿童进行了分析，结果显示，一半以上儿童成年后的收入依然处于最低的 1/5 当中。加拿大统计局的迈尔斯·乔拉克（Miles Corak）认为，在美国，来自低收入家庭的孩子长大后依然属于低收入人群的概率很高。我们可以从父亲的收入来预测孩子的收入；在美国，这个预测的准确率为 50%，而在加拿大或斯堪的纳维亚地区还不到 20%。

令人欣慰的是，我们知道如何逆转这一趋势，因为我们曾做到过。20 世纪 30 年代罗斯福新政为美国接下来 40 年的复苏及持续和公平的

增长奠定了基础。国民经济研究局经济学家托马斯·皮凯蒂（Thomas Piketty）和伊曼努尔·赛斯（Emmanuel Saez）认为，美国最富有的10%人口所拥有的财富占国民总收入的比例，从20世纪30年代的45%左右降至战后的32%，并且在20世纪70年代末以前一直维持在这一水平。

自那以后，这一比例一度回升至40%以上，但平均增长率却在下降。皮凯蒂、赛斯以及他们的同事安东尼·阿特金斯（Anthony Atkinson）在合著的一篇论文中指出，自1985年以来，不断改变的税收政策促使美国最富有的1%人口的财富占国民收入的比例从9%上升至15%。考虑到在这一系列税收改革之后，美国经历了一段增长乏力的时期，我们很难说税收改革起到了提振美国经济表现的效果。

因此，一项新的"新政"或许能够将美国和其他西方国家推回到20世纪70年代走过的高增长和相对公平的发展轨道上来。这些"新政"应包括金融部门的监管改革以及提高富人收税以发展优质教育、改善基础设施和医疗服务。

有些人担心20世纪30年代的经验对于21世纪没有参考意义，那我们不妨放眼世界，类似的政策依然在发挥作用。不妨研究一下中国、韩国和泰国等东亚"神奇"的经济体的历史。土地改革是这些国家的增长支柱，其次是医疗和教育的普及。如此一来，每个人都能为收入的巨幅增长贡献一己之力，从而使该地区的许多国家30年来从普遍的贫困跃升为经合组织的亚太成员。

再来看最近的情况，1990～2008年，巴西在减少不平等方面走在了南美洲国家的前列。该国前1/5的富裕人口拥有的财富在国民总收入中的比例从 65% 下降至 59%，而收入最低的 2/5 人口占国民收入的比例则从 8% 上升至 10%。取得这一进步的部分原因无疑应归功于卢拉·达·席尔瓦（Lula da Silva）自 2000 年赢得总统大选以来所推行的"家庭救济金"改革计划。该计划向巴西 1 200 万贫困家庭提供现金补助，但条件是父母应将部分补助用于让孩子接种疫苗和到学校接受教育。这项补助使得一些家庭的收入增长了 40%。调查显示，大部分救济金被用于为儿童购买食品、学习用品和衣服。同时，这些附加条件对于被救济家庭的疫苗接种率和入学率也带来了巨大的影响。伊莎贝尔·奥迪兹（Isabel Ortiz）和马修·康明斯（Matthew Cummins）的进行的一项数据分析显示，该国收入最低的 1/5 人口仅占国民收入的 3%。过去 10 年所取得的进步仅仅只是一个开始。

东亚和拉丁美洲的经验表明，我们无须为中产阶级过度担忧。我们应该担心的是那些贫困人口，尤其是贫困儿童，他们无法在一个公平的赛场上与别人展开任何竞争，因为他们无法获得能够帮助他们取得成功的医疗和受教育机会。

这表明，在保证公平的竞争环境方面，教育起着至关重要的作用。迈尔斯·克拉克认为，教育在各国不同程度的代际不平等中扮演着重要角色。富裕家庭会让他们的孩子去学校接受教育。在教育收益率极高的国家，接受教育为孩子未来获得更高收入提供了保障。在经合组织的富国俱乐部中，教育收益率最高的国家是法国、美国和英国，这些国家的父母收入与孩子收入的相关度也是最高的。

但我们不能就此得出结论，认为应"加大教育投入"。毕竟美国、法国和英国已经在学校教育上投入很大了。相反，给予年龄更小的儿

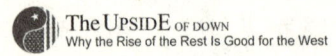

童更多关注,为他们提供一个鼓励早期学习的环境或许能够取得更大的回报。克拉克认为,日托的普及是解释斯堪的纳维亚地区儿童贫困率更低,但流动率却高于美国的重要因素。

"山巅上的光辉之城"

美国的伟大之处并不在于其全球第一的 GDP 或最强大的军队,它们绝不是美国国父们构建美国宪法的初衷。这一开创性著作所体现的民主、教育、人权和开放性财商是美国的立国之本。正是这些原则使美国成了一座"山巅上的光辉之城"。未来美国要想继续保持强国地位,就必须回归到基本的价值体系,营造机会均等的国内环境,并为外来者创造更多的机会。

同样,欧盟集团的伟大之处也不在于其广阔的面积和欧元。虽然如果欧元得以幸存,或许将与人民币及美元共同成为全球储备货币。欧洲的伟大在于构建一个统一的欧洲大陆,摆脱令欧洲人民饱受折磨,让其他地区人民深陷苦难的战争;让人口和思想以自查理曼大帝以来从未想象过的方式自由流动,共同克服传统的对抗状态,追求更高的生活品质。欧洲正在不断地向这一愿景推进,通过吸纳更多国家加入欧盟和开放边境,21 世纪的欧洲将在政治和经济上变得更加强大。

普及程度更高的教育机会、覆盖全民的医疗体系、获得好工作以及享受一流餐厅的机会有助于提升美国和欧洲的经济竞争力。这些提高生活质量的关键因素还将提升西方国家吸引全球人才的优势;而对于维持和改善本土美国人和外国移民生活质量来说,人才将变得越来越重要。相比之下,堡垒思维只会让西方陷入分裂的漩涡,日渐老龄化和不断萎缩的人口将会让他们变得越来越贫困。总之,为了获得更美好的未来,从而制定这一系列政策是完全可以实现的。该如何选择?答案非常明显。

注　释

1.Jesse M.Shapiro, "Smart Cities: Quality of Life, Productivity, and the Growth Effects of Human Capital," Working Paper 11615 (Cambridge, MA: National Bureau of Economic Research, 2005).

2.Ed Glaeser, Jed Kolko, and Albert Saiz, "Consumer City," Working Paper 7790 (Cambridge, MA: National Bureau of Economic Research, 2000).

3.Edward Harris and Frank Sammartino, "Trends in the Distribution of Household Income Between 1979 and 2007," in *Measuring Economic Sustainability and Progress*, ed. Dale W.Jorgenson, J.Steven Landefeld, and Paul Schreyer (Cambridge, MA: National Bureau of Economic Research, 2012).

4.William Easterly, "The Middle-Class Consensus and Economic Development," Journal of Economic Growth 6, no.4 (2001): 317–35.

5.Samuel Bowles and Herbert Gintis, "The Inheritance of Inequality," *Journal of Economic Perspectives* 16, no.3 (2002): 3–30.

6. Miles Corak, *Chasing the Same Dream, Climbing Different Ladders:Economic Mobility in the United States and Canada* (Economic Mobility Project, PEW Charitable Trusts, 2010), available at: http://www.pewtrusts.org/news_room_detail.aspx?id=56877.

7.Thomas Piketty and Emmanuel Saez, "The Evolution of Top Incomes: A Historical and International Perspective," Working Paper 11955 (Cambridge, MA: National Bureau of Economic Research, 2006).

8.Anthony B.Atkinson, Thomas Piketty, and Emmanuel Saez, "Top Incomes in the Long Run of History," Working Paper 15408 (Cambridge, MA: National Bureau of Economic Research, 2009).

9.Isabel Ortiz and Matthew Cummins, "Global Inequality: Beyond the Bottom Billion: A Rapid Review of Income Distribution in141 Countries," *Child Poverty and Inequality in New Perspectives*, Social and Economic Policy Working Paper (New York: UNICEF, 2011).

10.Miles Corak, "Do Poor Children Become Poor Adults? Lessons from a Cross-Country Comparison of Generational Earnings Mobility," *Research on Economic Inequality* 13 (2006): 143–88.

走向一个更加繁荣的未来

某些人士觉得,有时候非西方国家想通过不公平竞争赶超西方国家,有时又像一片亟待我们救援以摆脱绝望的泥沼。我们要么为非洲、拉丁美洲和亚洲等发展中国家感到遗憾,要么就对它们心怀畏惧。但实际上,我们不必对这些国家心怀恐惧,也不需要去怜悯它们;因为对西方而言,它们身上蕴藏着巨大的机会。想想英国和美国是如何看待法国的。虽然法国也有令人恼火的时候,但基本上还算是一个有益的伙伴。法国也是一个不错的旅游目的地,还是奶酪、红酒和高级时装的产地。我们也应该抱着这种态度来看待发展中国家。

有时候,美国政府也会承认这一事实。例如,奥巴马政府的《四年外交与发展评估报告》支持"各国努力实现持续而广泛的经济增长，为人们提供改善自我、帮助家人和社会摆脱贫困、远离暴力极端主义和动荡的机会，并以此走向一个更加繁荣的未来"。

美国的《国家安全战略》认为，通过积极进取的发展议程和提供与之相称的资源，我们可以强化必要的区域性伙伴关系，帮助我们停止彼此对抗和应对全球网络犯罪，利用促进繁荣的新资源来建立一个稳定、包容的全球经济体。未来几十年内，通过扩充繁荣、强大而民主的国家阵容，与它们建立伙伴关系，从而实现美国更好地解决关键性全球挑战的国家定位。

但与此同时，在发展中国家变得越来越繁荣后，我们又指责它们窃取了西方人的工作和市场，并危及西方国家的安全。总统候选人为了拉票，总是对外国和移民极尽诋毁，对他们的抨击比对枪支和烟草直接得多。国会似乎扮演着一个集三级委员会、光照会、主业会和共产国际于一身的角色，对影响力日益强大的国际公约组织进行严厉的谴责。

乔治城或塔夫茨大学老练的外交政策学者也好不到哪儿去。在太多时候，国际关系理论只是在纸面上存在。现实主义者强烈建议所有国家都去争夺世界第一的位置。当然，对于绝大多数国家而言，这都是无法实现的，就算少数几个貌似可能的国家也不具备这种实力。这不是一场零和博弈，抱有这种世界观的外交政策思想一定会自食苦果。

国会的怒吼或许只是在故作姿态，国际关系相关部门里喜欢到海外旅行的人员大有人在，他们甚至欢迎国外的教授到美国来访问甚至在这工作。但是，要在完全不影响美国老大地位之时，才来说美国在全球范围内参与并创建其他体系，这种理论和姿态就会很不现实。美国人需要的是工作机会以及安全、受教育、医疗和不受污染的环境。

相比一个零和博弈的世界，这些东西更容易在全球合作的环境中得到。

胜利的消息从众议院大厅传到哥伦比亚大学仅只是一个时间问题。

这个消息非常重要，因为无论是非西方国家的持续崛起，还是崛起将为西方国家带来的好处，没什么是必然的。近来中国银行业的决策可能会导致中国经济崩溃；巴基斯坦的战术核武器也或许会被某些恐怖组织控制；气候变化的速度或许会加快，造成比人们预期更为灾难性的影响。又或许日益广泛的抗生素耐药性将会创造出一种夺取数百万人生命的超级病菌。全球进步和更高质量的生活还面临着许多潜在的威胁，我们必须通力合作，带着紧迫感和决心去应对这些问题；但西方决不可将发展中国家持续的经济和社会进步视为威胁。相反，这是一个巨大的机会，西方国家应该尽一切努力去培育和支持发展中国家。

假如西方国家停止尝试改变其相对衰落的必然趋势，采取放任自流的做法，他们就很难抓住机会建立一个更加富裕的世界。与其通过GDP等过时的影响力指标来保住或重获世界领导地位，还不如让政策制定者努力让美国和欧洲在一个更加富裕、医疗水平和教育程度更高、更加安全的世界中得到最大程度的好处。

数不胜数的励志书籍都在说，如果我们不患得患失，把更多时间用来享受生活，我们就会更加快乐和平和。这一说法同样适用于国家层面。实际上，在某个无关紧要的指标上名列第二或第三，反而有助于欧美国家在许多指标上爬上世界第一的位置。

因此，如果你在恰当的时候出生在西方国家，见证了发展中国家的崛起，你就应该为此感到幸运；因为这是一个欣欣向荣的世界。

注 释

1. "Leading Through Civilian Power: The First Quadrennial Diplomacy and Development Review" (Washington, DC: US Agency for International Development, 2010), available at: http://www.state.gov/documents/organization/153108.pdf.

2. The White House, "National Security Strategy" (Washington, DC: The White House, May 2010), available at: http://www.whitehouse.gov/sites/default/files/rss_viewer/national_security_strategy.pdf.

致谢

感谢《商业周刊》和《外交政策》在其专栏中刊出了本书的部分原始素材。感谢《外交政策》的苏珊·格拉瑟（Susan Glasser）、布雷克·洪雪尔（Blake Hounshell）、贝尔·鲍克（Bell Pauker）、查尔斯·霍曼斯（Charles Homans）、乔希·基廷（Josh Keating）、玛吉·斯拉特瑞（Margy Slattery）以及《商业周刊》的罗迈施·拉特内萨（Romesh Ratnesar）所提供的编辑和事实核查建议，这些建议大大促进了上述专栏文章的成稿。

感谢全球发展中心的同事提供的想法、建议和研究，你们为本书贡献了大量信息，尤其是阿曼达·格拉斯曼（Amanda Glassman）、托德·莫丝（Todd Moss）、迈克尔·克莱门斯（Michael Clemens）、金姆·埃利奥特（Kim Elliot）、比尔·塞夫多夫（Bill Savedoff）、贾斯汀·桑迪佛（Justin Sandefur）、安迪·萨姆纳（Andy Sumner）、艾伦·盖尔布（Alan Gelb）、维杰·拉马钱德兰（Vij Ramachandran）、萨拉·戴克斯特拉（Sarah Dykstra）、大卫·卢德曼（David Roodman）、乔纳森·卡沃（Jonathan Karver）、南希·伯索尔（Nancy Birdsall）和阿尔温德·萨布拉马尼安（Arvind Subramanian）。还要感谢安德鲁斯·马迪尼斯（Andres Martinez）和我在新美国基金会施瓦兹项目的同仁们，感谢你们为本书的最初创意所提出的建议和反馈。感谢雷夫·萨嘉林（Rafe Sagalyn）及其团队为本书提供的大力支持。